U0898878

贝多芬传

〔美国〕埃德蒙·莫里斯 著
王维 译　杨宁 审校

Beethoven: The Universal Composer

Edmund Morris

译林出版社

献给朱迪

这本传记是关于贝多芬生活的故事，而不是对他作品的研究。它针对大众读者，他们可能热爱贝多芬的音乐，但是并不一定掌握音乐理论知识。这些读者可以安心，因为贝多芬从没觉得自己是在给音乐家作曲，而是觉得自己是在为人类社会作曲，在他《第九交响曲》的最后乐章里，他将其奉为“朋友”。

然而，若不通过一些技术方面的分析和引用，贝多芬音乐的伟大之处是无法得到充分体现的。在尽可能的情况下，这方面的内容都用了最为浅显易懂的语言叙述。想得到更多解释的读者可以看正文后的《音乐专业术语汇编》。

货币价值大部分用弗罗林银币表示，这是贝多芬在世时流通的主要货币。虽然这种银币在拿破仑战争期间经历了贬值，并且在许多年里还为纸币所代替，但是它与达克特（兑换五弗罗林）和英镑（兑换十弗罗林）的汇率比较稳定。

在《文献注记和致谢》之中列出的一些权威著作，有的使用了与这两种货币价值不同的货币，作者进行了转换。

目　录

序　言

连续四十个小时，大雪不断地下，把新英格兰地区[①]的每座城市、每片森林、每条结冰的河流都覆盖在六英尺的积雪之下。1978 年 2 月 7 日，一个星期二，暴风雪达到了顶峰，卡特总统宣布麻省沿海地区成为联邦受灾地区。在第二个创纪录的大雪之夜后，州长命令所有不参加救灾的市民待在家里。93 号州际公路像冰川一样雪白，它的坡道一直弯曲进看起来像冰碛石一般的波士顿城区。

就在世界看起来要被淹没的时候，最后一场雪终于下完了。但是雪很快就结成了冰，积雪的重量变得无法承受。电网断了，医院启动了应急用电，商店、餐馆一片漆黑。被困在哈佛附近的传记研究人员发现他们没有吃的了，到处都买不到食物。在近乎死寂的环境中又过了一个晚上。这很难不让人联想到被埋葬的感觉。

周四的早上迎来了阳光，一线生机重回大地。阳光穿过冰挂碎成了一道一道的。第一批铲雪的人开始在宿舍门口干起活儿来。踏着滑雪板的学生们接连穿过哈佛庭院。行人艰难地跟随在其后，每

① 指美国大陆东北角濒临大西洋、毗邻加拿大的区域，包括马萨诸塞州等六个州。

走一步都陷进齐腰深的雪里。仍然没有任何声音：只有脚踩在雪上的吱吱声和偶尔传来的一声喊叫。这时，不知什么人打开二楼的一扇窗户，在窗台上放了一对喇叭，对着凛冽的空气大声地播起贝多芬《第五交响曲》的最后乐章。

没有任何声音像那段 C 大调的号角声一样嘹亮，以老忠实间歇泉[①]的全部冲击力突破了长号的声音。那是 DGG 公司[②]发行的唱片，由卡洛斯·克莱伯[③]指挥维也纳爱乐乐团录制——那时刚出来，现在已是传奇。滑雪的人、铲雪的人，还有在雪地蹒跚的人都一下子呆住了。在那激烈的三声跳进之后（最后一声需要一个额外的节拍去释放它的所有声音），和弦退去，但那只是为了积蓄力量，渐次高涨，达到音阶的最高点甚至更高，直到像喷泉一样，它们一起迸发，进入欢腾的切分音。

如今，人们还没听过哪段旋律或和声是不能被口琴吹出来的。然而当这段旋律出现，由三只号角一起以最强音吹奏出来时，这听起来其实还有点平庸。所以，当音乐十分钟后以四十八声雷鸣般的 C 大调结束时，为什么有的听众哭了起来呢？

在所有伟大的作曲家中，贝多芬对于音乐爱好者和学者拥有最经久不衰的魅力。巴赫和莫扎特都有被误解的时期——前者甚至在他自己在世时就被嘲讽"过时了"，而后者则被维多利亚时代的人小

---

① 位于美国黄石国家公园内的大型间歇式热喷泉，喷发高度在 32 到 56 米之间。

② 即德意志留声机公司（Deutsche Grammophon Gesellschaft），现在多被称作 DG。公司初期以生产销售留声机及唱片为主，后来成为世界著名的古典音乐唱片品牌之一。

③ 原名卡尔·路德维希·克莱伯（1930—2004），奥地利指挥家。为区分于其父，常被称为"小克莱伯"。

众化了。亨德尔[①]，相反，则被巨人化，但仅是作为《弥赛亚》的作者，他在歌剧方面的成就却被忽略了。海顿——贝多芬的老师——更多的是为行家而不是大众所欣赏；舒伯特即使在第二次世界大战之后很久都还被讽刺成写歌的白痴天才；勃拉姆斯[②]在法国从来就没得到青睐；布鲁克纳[③]在德语世界之外只符合少数人的口味；西贝柳斯[④]虽然曾经看起来一定能在帕尔纳索斯的圣山上占据一席之地，但被好自慰的马勒[⑤]给挤掉了。众口难调嘛。

贝多芬在十几岁时就被公认为一流的天才。他不比莫扎特和门德尔松那样的神童，但他的志向比他们远大得多。在他二十一岁到达维也纳时，这座音乐之都就为他献上了欢呼。王爵们争相以请到他到府邸演奏为荣耀。（莫扎特几年前来的时候，用餐排序还是“在男仆之下，厨子之上”。）海顿 1809 年过世之后，不到四十岁的贝多芬成了世界上最著名的作曲家。近两百年之后，他仍然保持这个位置。当你在他住过的最昏暗的楼里爬上有霉味的楼梯时，你可能会遇上威尔士的合唱团或一些虔诚的日本人。

让他们走到一起的是贝多芬的普世性，他接纳人类所有感情界域的能力——从对死亡的恐惧到对生命的热爱，以及这一切以外的形而上的思考，用声音的一场宣泄让一切怀疑和冲突和解。1978 年

---

① 乔治·弗里德里希·亨德尔（1685—1759），原名格奥尔格·弗里德里希·亨德尔，著名的英籍德国作曲家。

② 约翰内斯·勃拉姆斯（1833—1897），德国浪漫主义中期作曲家。

③ 安东·布鲁克纳（1824—1896），奥地利作曲家、管风琴演奏者和音乐教育家，其作品对 20 世纪音乐史有巨大而广泛的影响。

④ 让·西贝柳斯（1865—1957），芬兰音乐家，民族主义音乐和浪漫主义音乐晚期重要代表。

⑤ 古斯塔夫·马勒（1860—1911），奥地利作曲家、指挥家。

哈佛庭院里《第五交响曲》终曲的那个无名播放者准确地知道该将唱针放在何处：就在C小调的谐谑曲以最强音转向C大调的地方。他也理解（就算他的听众并不能）那个转折的象征意义，那是所有音乐中最让人感觉到幽闭恐惧症的一个乐章。它以一个突然的暂停开始，好像有什么极重的东西把光和空气都遮挡了。有那么一会儿，所有的一切都像是被冻结的震动，弦乐停滞在一个不确定的和弦上面，然后鼓声开始响起，几乎听不见。小提琴奏出，如被窒息的呻吟：惊恐而分散的乐章，再往上升却失败了。鼓声起初还犹疑，然后变成了持续的搏动，仿佛在酝酿一种歇斯底里的情绪，呻吟也再次试图升起。伴着难以承受的艰辛，它们开始成功，头顶的重物也似乎减轻了。轻快的木管乐器放大了聚集的渐强，小号和圆号也加了进来——随后，所有的束缚都被挣脱，整个乐队自由了，而你脖子上的每根寒毛都竖了起来。

贝多芬的音乐里有无数“这样”的情况，但是没有一个“像”这样的：他的独创性使他无法重复自己。（同时，他的作品还打上了签名式的印记，就像毕加索的画一样。）贝多芬激进地开始音乐生涯，随着年龄的增长又变得更加激进。他晚期的一些作品中，一个乐章比一个乐章更具创新性。《降B大调第十三弦乐四重奏，Op. 130》[①]在五十分钟内风格变化得比瓦格纳五十年里的变化还要多。而且在以一章惊人的赋格结束之后，贝多芬还有足够的灵感去写另一个作为替代的终曲——他最后一部出版的作品，事后观之，这部乐章改变了整部作品。其他的乐章仍在有序地向船尾活动，但是从不那么高的桅顶看，它们之间更亲近、更友善了。

---

① Op. 130 指的是“第130号作品”。

顺便一提，那赋格就是室内音乐家们熟知且害怕的《大赋格》，它会折断琴弦、磨破指尖，也是伊戈尔·斯特拉文斯基[1]最爱的四重奏乐章。斯特拉文斯基，这位打破偶像崇拜的王者，曾经以自己的现代主义创作与这首写于 1825 年的乐曲作比较："这绝对是当代的音乐，也永远会是当代的……我对它的热爱超过了一切。"没有什么比这更能说明贝多芬超越时间的魅力了。

如今第一次（或是第一百零一次）来听，《大赋格》仍旧以它声音的纯粹暴烈令人震惊。在超过一刻钟的时间里，小提琴、中提琴和大提琴粗砺地喊叫，发出尖啸，就如狂乱的秃鹫。人们能理解和善的维也纳人为什么会传出谣言，说一直以来以古怪闻名的贝多芬终于疯了。然而就算听众对这首赋格望而却步，他们也不得不承认它还配有舒缓的谣唱曲，或者说歌唱的乐章，其美妙难以用言语传达。如果说一个脑袋不正常的人写了前者，那是哪颗洞悉一切的心灵创作了后者呢？

对比和冲突是贝多芬艺术创作的主要特征。在他的一生中，他与无穷的苦难斗争，并靠非凡的勇气获得了胜利。这些苦难在不同时期可能源自社交生活、性生活、精神方面和政治原因，但有两样特别让他受折磨：健康问题和孤独。他的男子气概和红润的脸色掩盖了前者——至少在他年轻时如此，而后者则是他自己造成的。他逃离了赞助人的宅邸，宁愿自己付房租，清静地写曲子。在治家方面的无助使他至少搬了八十次家，住在脏得直冒烟的环境里，在他的三角钢琴脚下就是那只历史上最臭名昭著的尿壶。但他的声望使他

① 伊戈尔·费奥多罗维奇·斯特拉文斯基（1882—1971），又译斯特拉温斯基，俄国作曲家，20 世纪现代音乐传奇人物，被人们誉为"音乐界的毕加索"。

从不缺少追随者和推手（“您愿意与我的妻子睡觉吗？”）。他们没有一个人知晓贝多芬身体和灵魂的全部痛苦。两份秘密写就、在他死后才发现的手稿证实了这一点：一是 1802 年发现的《海利根施塔特遗嘱》；一是 1812 年发现的给“不朽的爱人”的情书。

在前一份手稿中，他坦白了（或者说，将其归档进了秘密抽屉里）一名音乐家所能面对的最坏的一件事：他正面临失聪。那时他三十一岁，已经被耳朵里的嗡嗡声和嗞嗞声折磨了好久。起初，他希望药物能对它们有效果。当药物不起作用时，他就不得不这么生活着。到 1808 年，他再也不能隐藏他的症状了：任何听贝多芬指挥或弹钢琴的人（他在绝望地敲击琴键）都知道，他已经生活在他自己的听觉世界里了。十年之后，想跟他说话的人得把他们的话写在纸上。贝多芬最后的也是最伟大的作品，是在乔治·艾略特所说的那“潜伏在寂静另一边的咆哮”之中完成的。

他那同样痛苦的情书，写给“不朽的爱人”（但是从未寄出），即使现在梅纳德·所罗门已经弄清了这位女士的身份，也未减其中饱含的辛酸。人们察觉到贝多芬已经接受了肉体的脆弱，而音乐对他来说是位永不知餍足的情人，这让他无法与别人缔结婚姻——即便这位爱人能够自由地与他结合。

无论如何，在他所有的渴望中，最受挫折的当属他对一个男孩的执着。心理传记学家抓住了他为赢得侄子卡尔的斗争，说这证明贝多芬是个乱伦的同性恋者。但卡尔是他的法定被监护人，而且在这孩子监护权的法庭审理程序中，没有任何证据显示这段关系有情色意味。贝多芬想要一个儿子，能冠以他的名字并继承他的财产，这事显而易见且令人悲伤。这长达五年的诉讼是个丑陋的故事，而绝大部分的丑陋源于贝多芬要赢的决心，而不管他给那男孩或男孩不知所措的母亲带来了多大的痛苦。最终他胜利了，把卡尔送去了学校，就像他送出一部完成的手稿一样，然后把激烈的能量投入到《庄严弥撒》中。

今天来听这部作品——例如，听那天使般的“奉主名而来”，小提琴独奏如焚香一般飘飞在男高音的旋律上——你会很难将这种温柔与贝多芬本人对应起来，他不与人亲近且爱操纵别人，贪婪，撒谎骗人得心应手，对别人的动机常抱有极度的怀疑，甚至到了偏执妄想的地步。但是你也得看到他与此相反的另一面，他那令人捧腹的幽默感，他的慷慨，他那康德式的道德观，他的民主自豪感，还有所有认识他的人(包括那些他所伤害的人)一致得出的这一结论：他是一个“超人”，有着超人具有的所有“过量”属性——过多的活力、过高的攻击性、过人的才华——却只有过少的时间去把这些都发泄出来。结果，他只活到了五十六岁。

就他天生的才华而言，这是劳动量惊人的一生。当贝多芬用钢琴即兴演奏的时候，他与旋律一同融化。他会连续演奏几个小时，让他的听众只剩下眼泪，但他——一个从不是感伤主义者的人——却看着他们，带着顽皮的蔑视说道：“艺术家炽烈如火，他们不会哭泣。”但是他却缺少莫扎特那种把完美直接写到纸上的能力，那种让笔在纸上飞起来的速度。当情势逼迫时，他也能很快地作曲，但是结果通常都不理想。“伟大”的音乐对他来说是灵感与勤奋的恰当结合，勤奋则意味着对每一个结构细节进行最符合逻辑的改进。如果要他在诱人曲调和通过整系数构建的音型之间选择出更有魅力的一个，数学上的美妙每次都会胜利。

但奇怪的是，算术使他迷茫：他从未学会乘除法，而且在简单家庭支出方面的笨拙，几乎可以解释为他有阅读障碍。在他的信件中到处能看到“14”变成了“4i”，“1808”被写成了“1088”。可是再一次地——探讨贝多芬总是充满矛盾——他是个能从解决看似不可能完成的对位法当中获得快感的理性主义者。《槌子琴键奏鸣曲》结束时的赋格用上了一百零五个音符的庞大主题（还不算上自由颤音），在行进中增值、倒影，或是倒着弹，就像磁带回放一样——有时候三种处理同时发生：这是音乐上的三角学。这样的成就使贝多芬达到了音乐史上这些高人的地位：巴赫、勃拉姆斯，还有韦伯恩[①]。但是，他们三人都写不出《费德里奥》。

此外，他精于打造音乐结构的能力既是本能，也极具创造性。这一点上，阅读障碍的可能性又出现了。一些拼写有障碍的人有一种接近立体化的能力，能同时从不同的角度把平面和维度视觉化。贝多芬的声音结构充满了比例失调的房间和内部空间，有水平面的突然变化、塞满了天空的窗户；但是，最终它们都还是完整的建筑，不管其规模有多么大。难怪贝多芬是弗兰克·劳埃德·赖特[②]和路易斯·卡恩[③]最钟爱的作曲家。

贝多芬的“大”所带来的悖论在于它并不总能以时间或分贝去衡量。他能够并确实写出了长度空前的交响乐和奏鸣曲。但是，他也是一位“微缩艺术家”。他的一些钢琴小品曲，就是那些知名的“大师工坊里的碎片”，长度只在一分钟左右。有一曲甚至只有九秒钟。

① 安东·韦伯恩（1883—1945），奥地利作曲家，新维也纳乐派代表人物。

② 弗兰克·劳埃德·赖特（1867—1959），美国20世纪上半叶最重要的建筑师之一，崇尚他自己“有机建筑”的哲学。

③ 路易斯·卡恩（1901—1974），美国建筑教育家，被誉为建筑界的诗哲。

也许它们是碎片，但是拿起来对着光，它们就会发出贵金属般的光泽。它们的结构也并不零碎。他的空间感既像显微镜也像望远镜：与它们一样精准，他既能造音乐的细胞，也能造音乐的大教堂。他第119号作品中的最后一首小品曲与《第九交响曲》的第三章慢板乐章调性相同，也同样是一连串不间断的旋律，音调上升到一个平静的高度之后，转向简单的终止。它只有二十二个小节，而交响曲的那个乐章有一百六十六个小节。即便它很短，但就如雪莱所说，也是在“给不朽的白色圣光染色”。

不管是谁选择用那嘹亮的音乐，在暴风雪之后给哈佛庭院那不逊色的耀眼白色来点色彩，那个人都知道——负责温斯顿·丘吉尔葬礼的人和见证柏林墙倒塌的人们也知道——有些时刻只有贝多芬才行。没有别的作曲家能在年轻的滑雪者当中实现如此迅速而共通的反应，这些年轻人就算知道他是这曲子的作者，可能也无法说出哪怕一部他另外的作品。一些比个人身份更宏大、比天气更重大、比旋律与和声更伟大的东西，唤醒了他们对清晨的展望和对自身力量的关注。音乐史上最宏大的头脑在1978年与他们对话，就像两百年前小贝多芬在科隆首次登台的时候一样。

第一章　莫扎特之魂

英国剧作家伊妮德·巴格诺尔德曾问一名女权主义者，如果一位已经失去四个孩子的二十三岁家庭主妇发现自己又怀孕了，她丈夫不仅待她不好，还酗酒，她应该怎么办。

“我会力劝她赶紧终止妊娠。”这位女权主义者回答。

“那么，”巴格诺尔德女士说，“你那样做就杀死了贝多芬。”

她在事实陈述方面并不很确切。在小路德维希诞生前，只有两个婴孩夭折——一个是他母亲与前任丈夫所生，而且没有证据表明约翰·凡·贝多芬曾虐待过妻子。但他的确是位残忍的父亲，而且他的酗酒有波恩法庭笔录为证，他长期缺钱，尽管他是供职于科隆选帝侯[1]的一个拿薪水的歌手，也是乐长路德维希·凡·贝多芬的儿子和继承人。老乐长是一位富裕的退休音乐大师，他那在莱茵街的六居室公寓里有发光的银器和精美的水晶。

玛丽亚·马达琳娜·凡·贝多芬还生了两个活下来的儿子：卡斯帕·卡尔和尼古拉斯·约翰。她还相继生了一个儿子和两个女儿，他

① 德国历史上的一种封号，指那些拥有选举罗马国王和神圣罗马帝国皇帝权利的诸侯。

们都在出生后不久就夭折了。最后一次分娩令她抑郁而虚弱，注定了她在四十岁时就憔悴而亡。身材纤弱、目光真诚、讲究德行而又文雅的她像是褪色的水彩画一般，飘浮在贝多芬一家的剪贴簿上，在那些浓丽而又健壮的男性形象中间。这些中产阶级的贝多芬一族，如果他们看起来更像丹麦人而不是德国人，如果他们的名字里写的不是“凡”，而是“冯”这个在低地国家[①]（就在佛兰德的中世纪小村贝图威之外）表示贵族血统的字——他们在十八世纪中期定居在波恩附近，此时的波恩是科隆选帝区的首府——那么，他们文化上属于德国，宗教上是罗马天主教，从他们对葡萄的热爱来看，骨子里就是莱茵兰人。

路德维希生于1770年12月16日或16日左右，在波恩城中的波恩巷515号。出生日期并不确切，但是，那一时期的天主教教区要求新生儿必须在出生后二十四小时之内接受洗礼，而12月17日，他的洗礼记录出现在圣雷米吉乌斯教堂。在这个用拉丁语写成的条目中，他被命名为“卢多维克斯”——这是他德语名字的拉丁语教名，后来他知道了这名字背后罗马式的大气，就很喜欢这个庄重的名字。此外，在“法兰西的荣耀”下，他也不介意被称为“路易”。

老路德维希资助了他的洗礼这件事也让他很高兴。这让他不仅是波恩最有名的音乐家的孙子，也成为其教子。那双在洗礼盘上方望着他的黑色眼睛，也将再次在他弥留之际所躺的床上看着他——虽然那眼睛在油画之中，但仍旧那么有神。

乐长凡·贝多芬是约翰的反面，他很受欢迎，而且成功，宫廷地位很安稳（他为选帝侯服务了四十二年），是歌剧和弥撒曲的指

---

① 指欧洲西北沿海地区，广义上包括荷兰、比利时、卢森堡以及法国北部与德国西部，狭义上仅指荷比卢三国。

挥，也是精明的生意人。他甚至比他儿子唱得还好，到老仍有一副低音好嗓子。奇怪的是，拥有如此地位，他却不是一名作曲家。他于 1773 年的平安夜去世，刚好在幼小的路德维希的回忆中留下个影子。或近或远，这位老人将一直以一种含糊不清的姿态飘浮在那里，他的表情和善，帽子往后翻。这景象究竟是贝多芬人生之初的回忆还是后来看了油画补充的想象呢?

这个疑问很切题，而且不仅是因为贝多芬坚持说他对老路德维希的回忆十分“生动”。他还奇怪地认为自己比登记的时间晚生两年。甚至当波恩市长出于礼貌给他看了官方记录的副本，他还是拒绝了“1770”这个说法，并在记录背面潦草地写上“1772”。朋友们也无法让他放弃这一执念。他告诉他们：“在我之前，有一个哥哥，他也叫‘路德维希’…… 但他后来夭折了。”

在这一点上，他并不完全是自欺欺人。他的父母确实曾给一个孩子施洗并送葬，这个儿子也是用这名字——那是在 1769 年 4 月。在德国，将夭折孩子的名字给下一个孩子确实是一个普遍的风俗。记住日期从来都不是贝多芬的强项，而且他父亲在以神童的名号包装他的时候，也给他少算了一岁，这又增添了他的迷惑。但是，假若这位成熟的作曲家思考片刻，就应该能发现，出生于“1772”年与对 年后就过世的祖父怀有“生动”的回忆，这根本不符合认知学原理。

他对这一悖论的执著让弗洛伊德学者们兴奋不已。他们推测贝多芬不想要任何使他成为婚生子的文件，因为他要享受自己是腓特烈大帝[①]私生子的谣言。这个故事——贯穿了他的一生——是很荒

① 指腓特烈二世（1712—1786），普鲁士国王（1740 年 5 月 31 日—1786 年 8 月 17 日在位），也是军事家、政治家、作家、作曲家。

谬的。在1772年，腓特烈大帝的心思都在波兰，而不是波恩某个不起眼的家庭主妇。但是贝多芬从来没有公开否认。他宁愿在自己血管里流淌着贵族血液的想象中怡然自得。

他这种所谓的“装出来的贵族感”将在另一个章节中讨论。但在这里我们可以说，就算他宁愿要一个跟约翰·凡·贝多芬不一样的父亲，他也始终将那位老乐长视为榜样（“我那卓越的祖父，我是如此像他”），尽管小路德维希·凡·贝多芬的名气早已抹去了老路德维希·凡·贝多芬的名气。

在他的孩童时代，波恩是座小城，四周是城墙，黑白分明，从科隆逆河而上十五英里就到了。这座城市奇特的明暗对比源自它黑色岩浆一般的街道和几乎统一的白色墙壁刷浆。甚至连选帝侯的宫殿也是白色的，在夏天很耀眼，到了冬天则给人冰冷的感觉。刷了金的市中心大厅给集市广场增添了些许的光彩，但在其他地方，普通的灰泥墙主宰了这城市。少数躲过粉刷的建筑包括古老的石头大教堂。在五个世纪中，它那巨大的尖塔在莱茵河上投下闪动的倒影，抵御着河流银色的波浪。更加古老的是城周围的古罗马遗迹。通过探索波恩黑色的街道、聆听教堂传来的钟声和格里高利圣咏，路德维希感知到了遥远的过去，真实可感却又难以重建。

面对这种冲突，他得平衡好他所处的国家的状态。起初，他的世界观当然不比位于波恩巷里约翰租的那间有后院的小公寓[①]宽广。很快，他就会发现父母说的“德意志”其实不算个国家，说是一个概念还差不多，而它的主要存在逻辑不过是语言。它包括了奥地利，还有其他约三百个说德语的王国、公国、选帝侯领地以及小封地。

① 现在是贝多芬博物馆。——原注

从政治上讲，如果不把宗教算进去的话，它仍然是马克西米利安一世的“德意志民族神圣罗马帝国”——虽然离罗马已经很远，而且由于从其权力中心维也纳开始的反封建改革，它松散到几乎分裂的状态。

“维也纳”——这个词恒久地响彻那个选区，路德维希很早就对其印象深刻，维也纳在他心中永远是“德意志”的精神、政治、音乐中心。在那个遥远的首都里，生活着两位“开明专制君主”[①]，分别统治着奥匈帝国和神圣罗马帝国——玛丽亚·特蕾西亚女王与和她共同执政的儿子约瑟夫二世。鉴于老女王的健康状况，约瑟夫继承全部的权力只是时间问题。他被选为神圣罗马帝国的皇帝，选帝团包括贵族和教会两方面的势力，直接对教皇负责。选帝侯则是由奥地利之外的民间或教会组织选出。其中的一位选帝侯就是科隆的大主教。

在路德维希生命早期的君主，也就是他父亲和祖父去取悦服侍的那位，被认为一半是王侯，一半是牧师。大主教马克西米利安·弗里德里希是个年近七十、性情平和的小个子男人，对哈布斯堡风格的某些改革并不那么反感。他自己也开始减少耶稣会会士对教育的影响，计划在波恩建立一所世俗大学。尽管如此，他始终是一位神职人员，他那“选帝侯式的天主教教义”意在表明教会拥有自我调整的能力，能在不损失道德权威的情况下进行统治。

老路德维希过世之后，约翰写信给选帝侯，提出自己有资格担任乐长一职。失败之后，他又哀求增加俸禄，说自己“处在艰苦的

① 指支持开明专制的君主。开明专制又称开明绝对主义或仁慈的专制主义，是专制主义或绝对君主制的一种形式，由欧洲启蒙运动思想家提倡。

境地之中”，因为背有让母亲在修道院里生活的负担。

马克西米利安 · 弗里德里希免去了他的负担，却无视他的请求。除了能在王宫里唱点高音、私下给人教教小提琴和钢琴之外，这位“音乐家”其实并不够格。约翰既没升职，也没涨薪水，他下定决心要发掘长子的天赋。至于他究竟什么时候发现这些天赋超乎常人，就不得而知了。我们只知道，从卡斯帕 · 卡尔 1774 年春天出生到尼古拉斯·约翰 1776 年秋天出生这段时间里，路德维希就开始上音乐课了，凶残的授课方式给他留下了一生的印记。

贝多芬一家 —— 这一家子现在已经搬到了莱茵街的一间大屋里住 —— 的邻居们回忆起当年看见一个小男孩“站在钢琴前面而且在哭泣”。他还那么矮小，需要爬上一只脚凳才够得着琴键。如果他犹豫了，他父亲就会打他。他被允许离开的时候，手里又会被塞进一把小提琴，或是脑袋里被灌进音乐理论。他的日子里没几天不是被鞭打或是被关进地下室的。约翰还不让他睡觉，在午夜就叫醒他，只为了多几个小时去练习。

成年后的贝多芬从未责怪过父亲。但是另一方面，他也从未像表达对母亲的爱一样，表达过对父亲的爱。酒鬼的孩子常常都是沉默寡言的，而他的沉默甚至夸张到了不愿意写“约翰”这个名字的程度 —— 只有一次例外，迫于要签署一份法律文件，而且关系到的还是尼古拉斯 · 约翰。可是，鉴于我们所能了解到的童年传闻，他对父亲的感情仅剩一种保护性的温柔。也许他可怜约翰：因为约翰是个完全没有创造性想象力的人。这个缺点在这些时候表现得尤为突出：路德维希很早就有能力丢开摆在面前的乐谱，在钢琴和小提琴演奏中即兴发挥。约翰会很生气地让他停止即兴演奏的乐段和改编的曲子：“你知道我无法忍受这种音乐。”

但是，路德维希爆发的天才既可以是祝福，也可以是诅咒。音乐就像他体内的岩浆。如果没有和声与主旋律的规范，他便面临着爆炸的危险。在任何表演艺术中，即兴演出通常都是尴尬的，因为大多数的演出者都不是创造者。天才的即兴创作则遵循另一种法则，以其近乎疯狂的特性让人恐惧：你去读一读对尼金斯基[①]最后的舞蹈的描写，或是看看毕加索作画时的影像记录就知道了。如果这种荒诞不以结构来制约，它就具有毁灭性的力量。贝多芬将成为公认的键盘乐器上最伟大的即兴表演艺术家，他的成就很大一部分来源于创作时钢铁般严密的思维，组织主题与和声进行，拒绝简单的音乐效果。公平地说，这种钢铁般的思维得部分归功于他的第一位老师。

将贝多芬童年感伤化的人常常说约翰总是酒气熏天，又很穷，而玛丽亚·马达琳娜之所以被困在这段无爱的婚姻中，是因为她出身不好又没人帮忙。但是，实际上没有证据表明约翰的酒瘾曾经失控，至少在贝多芬十几岁之前是没有的。约翰抗议说老路德维希死后日子很“艰苦”，这话也不能全信。他每年有一百七十五弗罗林的俸禄——虽然钱不多，但收入很稳定。选帝侯的首席部长贝尔德布施伯爵会时而为他神秘的“情报服务”给予酬劳。约翰还通过给波恩外交界人士的孩子们上音乐课得到些额外收入。不幸的是，有些外国人付给他的不是钱，而是葡萄酒。

至于玛丽亚·马达琳娜，她的出身可并不低微。她的家族中有重要的公民和政府官员。约翰似乎还有点敬畏她，以极为正式的方式庆祝她的每一个生日，并且以小夜曲和舞蹈向她表达敬意。他比

① 瓦斯拉夫·弗米契·尼金斯基（1890—1950），波兰裔俄罗斯芭蕾舞者和编舞家，以非凡的舞蹈技巧及对角色的深度刻画而闻名。

她年长六到八岁（记录并不是很清楚），但是他赚到的每一分钱都交给了她。“好了，老婆，用这钱治家吧。”他会这么说道。

关于她跟儿子们的关系，后世所知不多——仅有她对他们疏忽大意这一点，以及让路德维希没洗澡、衣着也不得体就四处乱跑。她那忧郁的一面在卡斯帕·卡尔出生之后更击垮了她。“如果你想要我的好建议，”她告诉采齐利娅·费舍尔——一个住在同一所房子里的年轻女孩，“不要结婚。”

约翰对路德维希的钢琴技能已经有了充分的自信，于1778年3月26日下午5点，在科隆一个音乐会舞台上为他安排了钢琴独奏演出。宣传单上写着这男孩是他“才六岁的小儿子”。自从莫扎特在那个年纪为玛丽亚·特蕾西亚女王演奏之后，所有神童的父亲都不希望自己的儿子年纪比他大。（甚至利奥波德·莫扎特也修改过沃尔夫冈的一些出生日期。）路德维希实际上已经七岁了。

如果约翰是希望音乐史能重演，那他肯定失望了。路德维希的演奏会没有引起关注和报道。演奏曲目包括“钢琴协奏曲”（可能是巴赫《意大利协奏曲》风格的独奏作品）和“三重奏”。如果他的演奏技巧像莫扎特那样早熟，他的首次登台肯定能引起注意。

那样的话，他的普通教育也可能更被忽视。这件事过去不久，约翰和玛丽亚·马达琳娜——她又怀孕了——把他们的长子送到了学徒学校，一所拉丁语小学。学生们看到新来的男孩蓬头垢面、呆滞而疏离的做派，认为他肯定没有母亲。一位同学回忆说：“完全没有任何迹象表明……他的天才火花会在将来发出那么令人赞叹的光芒。”人们或许会猜测约翰对他钢琴奇想的一贯压制（“还在乱弹吗？……小心我扇你耳朵！”）已经令他心理受创了。甚至在小提琴上，路德维希的手指也禁不住寻找新的音乐。“听，这难道不美吗？”

他会恳求。而回答永远都是："你现在还不能拉这个。"

尽管如此，但约翰坚持的这种死记硬背式的练习为他今后杰出的技巧打下了基础。在之后的两年中，路德维希开始从日渐长大的宽手掌上得到愉悦。据他自己说，他通过"惊人"的练习让它们更灵巧。他不再需要被逼去练钢琴了。他也一直坚持拉小提琴，虽然不像喜欢钢琴那样喜欢它，但它让他拥有了无比灵活的左手。

出于自愿，他也从城里的管风琴家那里得到额外的指导，得以进入选帝侯小礼拜堂、波恩大教堂、小兄弟会[①]修道院的阁楼。管风琴巨大洪亮的声音，特别是它的踏板音栓，它无限加长音的能力，再加上中提琴和铜管乐器的课程，让作曲家贝多芬创造出了独特的"声音"：宽广、突出、层次丰富、有气势。

在学校，贝多芬越来越离群，没有什么交朋友的愿望。他也是一个漫不经心的学生，除了基本的书写和算术之外，别的也没掌握多少。但是他学会了基础拉丁语，后来还熟练掌握了法语。只要跟声音有关的，他都能掌握秘诀。但是拼写课本上变幻的规则、算术的沉默语言都让他迷惑：它们完全没有听觉意义。就算他有学习障碍，那也是比较轻微的，就像济慈的情况一样，虽然有障碍，但表现出一种超强的聪慧。这并不妨害他对双关语和字谜游戏的热爱，或是他后来在对位法上面的研究，这可是人类所能想象的最具序列性的头脑训练。他很喜欢在纸上写东西，但并不热爱文学创作："对我而言，音乐比文字来得更容易。"当在钢琴和管风琴上即兴弹奏时，他明显是在用自己天赋的语言进行讲述。

① 即方济各会，又称方济会，或译法兰西斯会、佛兰西斯会，天主教托钵修会派别之一。

在十岁左右的时候，路德维希开始把这些语言写在用一把卷尺画成的五线谱上。他在作曲方面还没接受训练，但是，如他后来开玩笑时所说："我还不知道要这么写的时候，写的就是对的。"在他的余生之中，他更愿意看到音符，而不是"干巴巴的文字"从他的笔尖流出。(他的耳朵除了对音色有惊人的鉴别力，还有绝对音感这种无法学到的天赋。) 他偏好的资料库还是那音阶里的十二个音——从逻辑顺序来看，更接近数学中的十个数字，而不是字母表里变化无常的二十六个字母。

到 1781 年的夏天，路德维希从约翰那里已经学不到什么了。他其他的老师四处散布他如何有天赋的消息，于是他理所当然地被认定应该追随父亲和祖父的脚步，为宫廷服务。那年秋天，他退学了，被安排跟随克里斯蒂安 · 戈特洛布 · 内夫进行深造。

三十三岁的内夫刚被任命为宫廷管风琴手，他是一位全才，歌德的门徒，一位受过音乐和法律双重训练的完美主义者和逻辑学家。他在莱比锡学习过，如今带来了约翰 · 塞巴斯蒂安 · 巴赫的教学传统。他虽然倾向于加尔文主义[①]，但是能用本地语言写歌曲和小歌剧的好本领却冲淡了那种严肃呆板。所以除了教授巴赫的《平均律钢琴曲集》，他也教会了贝多芬把旋律与人类独特的嗓音相匹配的精妙艺术——嗓音的声区、音域、对不同元音的敏感度，以及辅音碰撞产生的问题（德语中到处都是）。

巴赫给这男孩带来了神启，他开始热切地沉迷于艰难的前奏和赋格，不再分心去学习纯理论性的对位法。他已经对歌曲有了相当

① 16 世纪法国宗教改革家、神学家约翰 · 加尔文毕生的许多主张和实践及其教派其他人的主张和实践的统称，在现代神学论述习惯中常指"救赎预定论"与"救恩独作说"。

的知识。贝多芬通常被看作一位交响曲作曲家，但我们常会忘了他可是歌手的儿子和孙子。而且在他艺术成型的那些年，他一直都沉浸在歌剧和合唱乐创作之中。他那些庄严的器乐旋律，比如《大公三重奏》中的慢板乐章，都似具有声乐的特征，有听得见的“换气点”和赞美诗一样的声音进程。无词的宣叙调和类似歌剧花腔的华丽段落甚至也出现在晚期的弦乐四重奏中。

至于他跟随内夫开始学习的具体时间不得而知，但有证据表明大约是在1781年底的时候。到1782年6月，十一岁半的路德维希已经代替他的老师在选帝侯的小礼堂里弹奏管风琴，他在弥撒时会即兴发挥演奏，超时的弥撒让会众疑惑不已。内夫很宽容，但仍是一位严格、刻板的老师。

从路德维希出版的第一部作品中可以看到内夫对他的影响，这是那年秋天在曼海姆出版的一组钢琴变奏曲。这组变奏曲的主旋律来自一位叫作德莱斯勒的无名作曲家，完全是对古典式呆板的一种戏仿：一个C小调的破落进行曲，乐章的终止式突兀得就像一个“立定”军令一样。

可能是内夫在给路德维希布置这项作业的时候，强迫他必须写出与主旋律“配合行进”的变奏曲。但老师只得到了一个被弄得无聊透顶的学生的音乐作业。第九章和最后一章变奏曲倒是能看到未来作曲家的一星光芒。在一大片下行音阶之后，贝多芬突然从遥远的A大调一跃而起。这产生的效果就像是从行军队列中一下子跳上了检阅台——直到德莱斯勒军士命令他回到“大地”上。

至少路德维希在印刷商把乐谱校样送来后，看到乐谱题名页自己那法语变体书写的名字时，体会到了喜悦之情：路易·凡·贝多芬，十岁。实际上，他已经快十二岁了。又一次，他被拒绝与莫扎特进行比较。甚至都没有评论者提到他的变奏曲。

只有在1783年3月2日出版的克雷默的《音乐杂志》中，一位身份不明的通讯员提到了他与“莫氏”的对比。作者说贝多芬十一岁［原文如此］，他还写道：

> 他弹奏钢琴的技法娴熟，力度很足，视奏也很熟练，而且……主要演奏的是塞巴斯蒂安·巴赫的《平均律钢琴曲集》，是内夫先生给他的。凡是知道这部包含所有调的、由前奏和赋格组成的曲集——它或许堪称我们音乐艺术中的“绝顶之作”——的人，都会明白这意味着什么。[内夫]现在正在训练他进行作曲……这个年幼的天才理应得到资助去游学。如果他能保持开始的这种势头，他一定会成为第二个沃尔夫冈·阿马多伊斯·莫扎特。

实际上，这篇文章就是内夫本人写的。这其实无意欺骗谁，当时的作风是这样的，文章都必须匿名。内夫衷心地相信他的学生具有莫扎特那样的天才。但是最后两句话暴露了他的一丝忧虑。他似乎担心路德维希的才能没有得到应有的成长，或者说被约束了，也许是波恩的闭塞氛围所致。

结果，这孩子那年10月份还真去了一趟荷兰，只有他妈妈陪着。我们主要的信息来源于采齐利娅·费舍尔和她的哥哥戈特弗里德写的回忆录，他们是贝多芬一家多年的邻居。他们说路德维希和玛丽亚·马达琳娜在一个寒冷的日子登船沿莱茵河而下，他们在鹿特丹城里和附近逗留了几个星期，是一位社交广泛的荷兰女士的客人。她安排路德维希在几个大户人家中演奏，他的钢琴技法得到了赞叹。11月23日，他得到了人生第一份酬劳，是在海牙的一场皇家音乐会上，酬金是六十三弗罗林。这个金额比其他演出者所得的都高，但是他却埋怨荷兰人是小气鬼。“我以后再也不去荷兰了。”

撇开青春期前期的郁郁寡欢，他的行为也是成年贝多芬的前兆：总是怀疑自己被欺骗了，总是寻找借口避免旅行。费舍尔的回忆录提供的温情一幕穿透了他在自己的家庭生活上罩上的隐私面纱，提醒我们他仍然只是个半大的孩子。当他们坐船逆莱茵河而上返家时，是玛丽亚 · 马达琳娜把他冻僵的双脚放在大腿上取暖。

那时，她已经又埋葬了两个孩子，1784 年的婚姻和经济困难更加深了她的忧郁。那一年的开头就很不好，1 月的时候，约翰在宫廷里的恩主贝尔德布施伯爵过世了。紧接着，玛丽亚 · 马达琳娜就感到很不安。她丈夫的声音正在退化，她担心他俸禄不薄的闲职不保。

显然，路德维希不得不去申请一个宫廷职位。他十三岁了，已是宫廷里常驻的，或说是实习的音乐家了，因演奏管风琴而备受赞赏。他甚至已被允许替代内夫在乐队中演奏羽管键琴——这是一项重要的工作，要在羽管键琴或钢琴上合拍子，填充和声，还要视谱演奏。这些差事给他带来的回报是一种“生活”补贴。自从《德莱斯勒变奏曲》之后，他作为一名作曲家已经有了惊人的进步，出版了几首歌曲，还有三部奏鸣曲，都献给了马克西米利安 · 弗里德里希。（“能否允许我，最伟大的大人！将我年轻时代的第一批果实献在您御座的台阶上？”）

2 月 15 日，他正式请求选帝侯任命他为助理宫廷管风琴师。他的请求被许可了，宫廷记录员记录说老贝多芬“已经无法继续养家”。约翰把许多俸禄都花在了喝酒上。费舍尔女士有一天看见他走在街上，对着酒瓶豪饮。

路德维希没有固定的工资，但是他及时得到了终生职位。两个月之后，老马克西米利安·弗里德里希逝世。他的继任者——马克西米利安·弗朗茨——波恩的每个人都很快适应了这个名字。另外，巨大的变化即将到来。新的选帝侯是一位重要的贵族，是约瑟夫二世最小的弟弟。他二十七岁，与国王一样充满对启蒙思想的热爱，致力于德国的启蒙运动。他立志要放开波恩的特权制度，建立波恩自己的大学，削减宫廷繁复的娱乐活动，要让他所有的臣民，无论是部长还是果农，都意识到西欧的封建专制正在灭亡——这正是他的姐姐，法国王后玛丽·安托瓦内特选择无视的一件事。

马克斯[①]·弗朗茨首先的举措与任何新当选的领袖别无二致，他急切地渴望给人留下深刻的印象。他遣散了宫廷剧团，号召所有部门厉行节约，并要求对治下的每个雇员进行评估。在评估调查资料中这么写道：

> J. 凡·贝多芬，44岁……声音状态不佳，已经在职多年，很穷，行为端正，已婚。
>
> 克里斯特·戈特洛布·内夫，36岁……管风琴师……大概遣散为好，因为他并不十分精通管风琴，而且还是外国人，没什么功绩，更何况宗教方面还是个加尔文主义者。

内夫可悲的宗教改革思想给路德维希带来了好处。一份补充报告指出，如果内夫被解雇的话，有一人可以代替他的位置，且“只要有一百五十弗罗林就能雇佣”。这个人“个子矮，年纪小，是一

① 马克西米利安的简称。

位宫廷乐师的儿子，而且已经在需要的时候顶替这个位置近一年了，还干得很好”。

在1784年6月27日，路德维希成了宫廷的一名拿薪雇员，固定薪金数额正和上面建议的一样。内夫没被解雇，但情况很险，他的薪水从之前的四百弗罗林降到了两百弗罗林。他们都只是被列为“管风琴师”，这种平等的地位没有逃过路德维希的眼睛，特别是他很快就得到五十弗罗林的加薪，令他们的薪水也相等了。他已经是个很难对付的学生了，对内夫试图让他的音乐狂想缓和下来的努力非常厌恶。

一种全面的动荡即将到来：不仅是那爆开的美国革命的火药味吹过了大西洋，又通过法国飘进了莱茵兰地区，还有正在帝国之中聚集力量的知识风暴。在魏玛，歌德为“狂飙突进”[①]进行合理辩护，这是一种表达不受拘束的情感的新修辞；在柯尼斯堡，康德争辩说与其说现实是客观的，不如说它是主观的；在曼海姆，弗里德里希·冯·席勒正在写诗歌和戏剧，将舞台上的运动与政治运动以轰动的方式结合起来。

在那时，对路德维希来说，唯一感兴趣的激进运动是能让他在宫廷里的事业进步的那种。但是他仍然忍不住要呼吸所有波恩激进青年在呼吸的空气——尤其是当选帝侯宣布属于波恩城的第一所大学即将在1785年8月9日开课时，席勒和康德的信徒们正在课堂上宣扬人权和“绝对命令”。

这后一个训诫被定义为：无论做什么，总应该做到以意志把行

① 狂飙突进运动（*Sturm und Drang*）指18世纪60年代晚期到18世纪80年代早期在德国文学和音乐领域的变革，核心人物是歌德和席勒。

为转变为“一条普遍的法则”。要是反过来说，路德维希可能遵守得更好，他将一条已经存在的普遍音乐准则——莫扎特的音乐——运用到他自己成为一名作曲家的努力当中。当他在宫廷歌剧乐团里拼命弹着羽管键琴时，他用心深入研习了《后宫诱逃》的乐谱，认为这部作品的完美与其说是创作达到的，不如说是其内在生成的。他对巴赫的研究已经教会了他，要精通对位，起码来说，是可以通过勤奋达成的：经过多年不懈努力，学会所有的规则，然后解决所有的问题。但是向莫扎特——这位无法解释的天才——学习的唯一方法，就是模仿他。

于是他如此继续，以莫扎特的三部小提琴奏鸣曲为范本，创作了三部大规模的钢琴四重奏。音阶是他自己的创作：他忍不住要拓展和声乐章以及乐器的力度范围——远超过它们的传统极限。但是他一丝不苟地复制了莫扎特对比例平衡的把握。结果，就像一位仿制作品的绘图员，把原先的图画用带曲柄的铅笔夹放大了。光是他的笔迹就表明这是一个习惯于复杂性的头脑。莫扎特用 G 小调写普通八分音符的地方，路德维希用降 E 小调写了三十二分音符，这是所有调中最低沉的，每条线谱都被六个降号奴役着。这造成的效果远不止是视觉上的：这些降号逼迫小提琴手几乎每个音符都要用手指摁弦，而不是让空弦自己振动，制造了一种朦胧、沉郁的声音效果。正如英国学者巴里·库珀指出的，这种精致说明了贝多芬“这一时期的耳朵惊人地敏锐”。

两份没有出版的手稿——一部钢琴、长笛、巴松管奇怪组合的三重奏，还有一部让这三种乐器与整支乐队对立的三重协奏曲——表明路德维希正费尽心力地自学乐器法。在大脑中的声音实验室里，将两种、八种甚至十一种音色“混合”的能力只能通过实际的经验获得，并且要从尽可能小的年纪开始。他很幸运，因为他属于一支技艺优秀的三十一人管弦乐队，故而能够让同事去试验他在脑袋里“听到”的新组合。

经过一个又一个的错误，欢乐的意外与精心设计的效果交错，路德维希学到了高音区的长笛如何在巴松管木质音乐的映衬下获得空气般的轻盈，像是鸟儿飞过芦苇池塘留下的倒影；黑管的甜柔之音如何在压力之下变得如醋一般酸锐；距离的维度如何给小号以及人声增加一种回声；双簧管如何在任何组合中都有其独立的声音；拨弦如何分成拨弹音、噼啪声、弹音以及回声；还有鼓除了能够产生节奏，如何奏出和声和旋律。所有这些声音，还包括之前的黑管的特色，都成了他的管弦乐曲独一无二的音色。

接着，突然就沉寂了。在近四年的时间里，路德维希只出版了一些琐碎的小作品。除非是因某种灾难，或是他出于自我审查把更大的作品丢进了火堆，在他十五岁到十九岁期间，他的创作力似乎进入了衰退期。很多事情都可能造成这种情况：性方面所受的折磨，病痛，内夫对他的压制，还有搬迁——贝多芬一家搬到了位于文泽尔街 462 号的新住处。

一种猜测是：他之所以分心，是因为他享受着作为职业乐师的纯粹乐趣。他每天都参加在小兄弟会教堂举行的早间弥撒，沉醉在管风琴的三十三个音栓之间。他也在节日时在选帝侯的小教堂演奏，有一次还故意给唱赞美诗的歌手弹错了调，自我娱乐了一回。在宫廷里，他也根据需要演奏钢琴独奏或协奏曲，还担任选帝侯剧团歌手们的声乐指导。（我们猜测，这些舞台上的家伙肯定教会了他一些关于男女之事的知识。）当不负责羽管键琴的工作时，他在管弦乐队的弦乐部有一个固定的席位，出于个人的偏爱演奏中提琴。对这种弦乐器中最为微妙的乐器的热爱——莫扎特也是如此——表明，真正的音乐家对结构比对表面的花哨兴趣大得多。

路德维希在波恩的音乐圈里也享受着一种类似合群的感觉。他在宫廷中“良好且沉静的举止”与之前在学校的厌世疏离形成了反差。现在，在这群爱好吹拉弹唱的人中间，他不再是个奇怪的人了。至少，对他们来说不是：街上的人仍然会斜着眼看他。由于充满紧张的能量，他慢慢变成了一个漫步者，总在波恩周围的乡村里漫游。漫步让他思想如此集中，甚至它本身也成了他创作过程的一部分。

在费舍尔的回忆录中，当路德维希长到差不多五英尺六英寸的成年身高时，有几句简洁的文字描述了他：“个子矮，体格健壮，肩很宽，脖子短，脑袋大，深棕色的肤色；走路的时候总是身子前倾。”以后岁月里贝多芬“单足慢转式的漫步”的绘画几乎精准地再现了这一形象。但是没有任何素描能够展现他那拉丁人般的外貌——与德国北部气候极不协调：浓密但很纤细、近乎黑色的头发，深色的眼睛和眉毛，还有宽大、手背多毛的双手。费舍尔一家给他取了个绰号：“西班牙小子”。

他们可能也没当面这样叫过他，因为他的脾气很大。但是，他本人并不像他的长相那么凶恶。他习惯于保持阴沉的面容，一方面是因为眼睛近视，得皱眉头看东西，另一方面是由于紧闭的嘴唇被大牙给顶了起来。除了在被激怒的情况下，他都举止温和，充满热情。他笑得很大声，但不是对别人认为好笑的事情发笑。演奏走调对大多数音乐家来说都是很痛苦的事情，但却会让他大笑不止。他那些牵强的双关笑话笨拙无比，甚至在德语中也没有意义。“这会儿，我仍是只音乐狐狸。”当费舍尔女士抓住他在偷她的鸡蛋时，他这么说道，似乎觉得“音乐狐狸”的概念很有趣。

这是一种天生的怪人身上才有的幽默感，或说是一本正经。路德维希对自己身上日益增长的怪异似乎毫无知觉。他养成了一种陷入出神状态的习惯，要么坐着一动不动，要么就对大脑里进行的对话做些奇怪的评论。“我那么说的吗？我一定是被狂想附体了。”“狂想”这个词对于他来说，意味着一种“在美好的、深沉的思考中”的状态，他讨厌它被打乱。

从一张路德维希十六岁时的侧面轮廓像可以看到，他头往后仰着，头发梳得很整齐，用缎带装饰，编着辫子，还有很多瀑布般的花边从衬衣的前胸部分冒出来。作为宫廷的管风琴师（这是他的专属头衔，因为内夫现在有别的职位了），他被允许在节日的场合在身体左侧佩一把剑，就挂在一条银腰带上边。他的宫廷礼服包括一件海绿色的双排扣大衣，一件有翻盖口袋、镶缀金线的马甲，带搭扣装饰的绿色马裤，还有丝绸的袜子和黑色蕾丝蝴蝶结装饰的鞋子。在他右臂下，夹着一顶三角帽。

从路德维希学校时代那只破旧的茧壳里，居然变形飞出了一只这么美丽的绿色蝴蝶。如果他不是因为喜欢穿着全套的华丽服饰爬上宫廷里的管风琴楼台，尽全力从大风琴管里奏出最强劲的音乐，他完全可能成为一个怪异的少年。

这些年里他很快乐。若不是 1787 年悲剧的介入，他完全可以更快乐，因为那时候他的整个世界正有机会发生极其美好的转变。有人（最有可能是内夫）似乎说服了马克斯 · 弗朗茨，说在选帝侯的管弦乐队里存在着“第二位莫扎特”。如果年轻的贝多芬能去维也纳待个一两年，成为莫扎特的学生呢？他学成归来后会不会有潜力成为乐长，并给科隆的宫廷带来荣耀呢？

马克斯 · 弗朗茨像是同意了资助这一进修计划，但条件是路德维希本人用他宫廷的薪水来分担一部分费用。这一要求并不太公平。但是贝多芬一家比大多数的音乐家过得好，所有收入加起来一年超过了六百弗罗林，可是约翰欠下的债务让他们仍然摆脱不了“贫穷”的帽子。加上玛丽亚·马达琳娜在又一次的分娩后一直在生病，两个男孩仍在学校念书，他们不能失去路德维希。但从另一方面来讲，他未来的赚钱能力会因与莫扎特的结交而增强，而莫扎特是不可能拒绝接受他的。选帝侯毕竟是国王的弟弟，任何哈布斯堡家族成员的推荐信就等同于王室的命令。

路德维希可能在3月20日前后开始了他九百英里的旅程。一位“佩多芬先生，来自波恩的音乐家”4月1日在慕尼黑一家酒馆登记入住。这说明他大约一周之后到达维也纳。他在帝国之都的头些天是怎么度过的，我们一无所知，只有一些模糊的传闻说他拜访了一些“爱好艺术的贵族家庭”，还因瞥见了约瑟夫国王本人而“深受震撼”。下面是一则关于莫扎特接见他时的记录，由为莫扎特作传的19世纪传记作家奥托·雅恩所撰写：

> 贝多芬……被带去见莫扎特，并在这位音乐家的要求下弹奏了些东西，莫扎特理所当然地认为这是为了这个场合准备的展示之作，因此只是很淡漠地赞赏了一下。贝多芬察觉之后，请求莫扎特给他一个主旋律让他即兴发挥。他在激动的状态下总能弹出绝妙的曲子……莫扎特的注意力和兴趣越来越浓，最终他安静地到隔壁的房间里，爽朗地对一些朋友说：“留心着他，总有一天他会给世界带来些能被说起的东西。”

雅恩是一位受人敬重的学者，但是他讲的故事是经不起深究的。贝多芬本人从未提过这次面试。他只说过他听到了莫扎特演奏，觉得他的钢琴风格“支离破碎”。也许莫扎特的确给了他“一些指导”，正如一位朋友多年之后声称的那样。如果是这样，那他可能要从《唐璜》的创作中抽身才能有时间。我们所确知的是路德维希只有不到两周的时间去接受自己身在维也纳这个惊人的事实，此时它正处于帝国繁华的顶峰，他也正处于成长为真正的男人的时期。玛丽亚·马达琳娜病危的消息突然传来，4 月 20 日他就踏上了返回波恩的路途。

几个月后，他为自己记下了这次悲痛的回家之旅：

> 我离故乡越近，父亲的信来得越频繁，他催促我以最快的速度回家，因为母亲的健康状况实在堪忧。所以尽管我自己身体也十分不适，我仍然尽可能快地往家赶。再见弥留之际的母亲一面的愿望让我跨过了每个障碍，帮助我克服了极大的困难。我回来发现母亲还活着，但是状况十分糟糕。她得的病是肺痨，在经历了许多痛苦和磨难之后，她过世了［7 月 17 日］。对我来说，她是一位如此温柔、充满爱的母亲，也是我最好的朋友。噢，要是我喊出“母亲”这个词仍然能够得到回应，那还有谁能比我更幸福？

玛丽亚·马达琳娜的过世引发了他的哮喘，严重到他以为自己也得了肺病。“除此以外，还有悲伤的折磨，它几乎是与我的疾病本身一样的魔鬼。”

他被忧郁压垮了，这一点都不奇怪，他面对的不仅是悲痛，还有毫无成果的维也纳之行带来的失望和经济损失。埃莱娜·冯·布罗伊宁，波恩一位富有的寡妇，从情感上拯救了他。她给了他一份兼职钢琴教师的工作，教她的四个孩子，还让他自由出入她位于明斯特广场的豪华宅邸。在那里，路德维希找到了避难所，远离了他自己的满是丧亲之痛的悲惨之家（由于 11 月他小妹妹的夭折，这个家又添了一份惨痛），同时他也找到了一位母亲的代替者。

另外吸引他的是布罗伊宁夫人的女儿，埃莱奥诺雷，这位十六岁的少女注定要萦绕在他未来的创作思想之中。其他年纪小一些的都是男孩子。十三岁的斯特凡·冯·布罗伊宁会成为他未来亲密的好友。但在那时候，路德维希更愿意与埃莱奥诺雷一起享受在礼节至上的 18 世纪十几岁的年轻人能被允许的最接近于性亲密的事情：在钢琴凳上腿并腿地坐着，手指在钢琴四手联弹时交织在一起。

布罗伊宁的宅邸吸引着波恩当时最为时髦的一些人，这给了路德维希"他最初的社交礼仪训练"——一位常客如是描述道。玛丽亚·马达琳娜有良好的教养，路德维希在宫廷时学过怎么打躬作揖。但是生活在枝形吊灯下的人们的日常礼仪对他来说是新鲜事物。他学起来倒不费劲，他有充分的自信在被介绍给诸如"高贵尊敬的明斯特里希·奥布里李斯特－斯塔尔迈斯特，出身高贵的弗里德里希·鲁道夫·安东阁下，弗雷赫尔·冯·韦斯特霍尔茨－吉森伯格，科隆和明斯特主教教堂议事会枢密院委员"这样的显贵时不会畏缩。

同时，布罗伊宁夫人也保护他免受社会寄生虫的侵扰。用他自己的话说就是："她懂得如何让害虫远离花朵。"但是她也始终无法驯服贝多芬那终生都有的粗暴脾气。这其实是他漫不经心的结果，而不是言行轻率，当他的情绪被一种冲动或是令人发窘的双关笑话抓住时，他对冒犯浑然不觉。"他又来了阵狂想。"她会这么说，带有一种幽默的容忍。他事实上更愿意接受文化方面的指导。从布罗伊宁一家和他们的圈子里，他学到了短暂的学校生活中缺失的东西：德语文学之美，尤其是它的抒情诗歌，古代和现代历史、地理，还有科学知识，所有这些都混合着从选帝侯那里听来的最高级别的八卦。有时候他会留在那里过夜，在早餐的时候听他前晚可能错过的事儿。

弗朗茨·格哈德·韦格勒是新建的波恩大学的学生，也是一位常客。他也对埃莱奥诺雷很有好感，而且二十二岁的他更有机会获得美人的芳心。韦格勒对科学的迷恋正如路德维希之于音乐。韦格勒注定成为一名医生和学者，但与年轻的斯特凡和克里斯蒂安·内夫一样，可以说是少数在贝多芬真正发现自己之前就“发现”了他的人。

这个发现还得过几年。在此期间，路德维希利用与韦格勒的友谊，成了一名业余大学生，甚至还被哲学系录取。科学家、法学家、神学家以及人文学者云集在这所新建的学府。在波恩，那是年轻人和敏于治学的人非常激奋的时期。每个人都在讨论法国滑向了破产深渊，国王路易十六正在与他叛变的国会进行生死之争。革命前的宣传从边境涌入，在莱茵兰的每家书店展现，变成了一股洪流。路德维希尽可能地读着，并且流利地——即使不是完全精通——掌握了卢梭的语言。

他对政治意识形态并没有特别的兴趣。一场啤酒花园里更个人化的闲谈——比如普鲁士如何适应腓特烈大帝的死亡，或者教皇对国王的世俗化改革是什么看法——才是他所享受的辩论话题。他热切但杂乱的阅读也不与任何已有的信仰体系相契合。其实，平凡人和他们的事务所构成的现实世界始终与他格格不入，虽然他终其一生都在假装去理解它。略有点野蛮气质，方平的脑袋，黝黑的皮肤，就像是年轻的卡利班[1]，他只在声音当中和自己岛屿上的空气里才自由自在。

路德维希对莎士比亚也很熟悉，这多亏了波恩宫廷的剧团。在他十九岁生日之前，他要么看过，要么听说过《哈姆雷特》、《李尔王》、《麦克白》、《理查三世》、《罗密欧与朱丽叶》的演出，还有以“约翰·福斯塔夫”为标题的关于“哈里”的系列剧作。在施莱格尔[2]翻译的版本出现之后，他就开始读德语版了。罗密欧成了一部成熟的弦乐四重奏[3]的灵感，科利奥兰纳斯则启发了一部序曲，麦克白则激发了一部歌剧的音乐小品。

这一时期更有成果的碰撞，来自他与席勒的相遇。《强盗》在波恩来了又走了，《唐·卡洛》正待上演，但是——富有创意的人总是有些怪癖——路德维希被一首席勒本人都觉得只是二流档次的颂歌深深吸引了。它的标题是“*An die Freude*”——“欢乐颂”，更像是朋友间拥抱、摇旗的情感抒发，通常更吸引那些感伤的年轻人：

Freude, schöner Götterfunken,
Tochter aus Elysium,
Wir betreten feuertrunken,
Himmlishe, dein Heiligtum!
Deine Zauber binden wieder
Was der Mode Schwerd geteilt,

---

① 莎士比亚戏剧《暴风雨》中半人半兽的怪物。

② 奥古斯特·威廉·施莱格尔（1767—1845），德国诗人、翻译家、批评家。

③ 第 18 号作品，第一部分第二乐章。——原注

Bettler werden Fürstenbrüder,

Wo dein sanfter Flügel weilt.

根据节奏而非韵律大致可以翻译成：

欢乐，天国之父的火花，
　　极乐仙境的仙姬，
我们如醉如狂，
　　拥进你的圣殿！
你的魔力能使人们联合，
　　消除一切分歧，
乞丐与王子成为兄弟，
　　在你温存的羽翼之下。

倒数第二行（席勒在以后的版本里面进行了缓和的处理）含有的民主气息很激动人心，而且意象也有尺度适宜的性暗示。这首颂歌还有很多诗行，有吹向人类脸庞的飞吻，向着永恒立下的誓言，分泌乳汁的大自然的双乳，低吟浅唱的群星，服了镇静剂的食人者，还有许多符咒般反复出现的"*Freude, Freude*"——"欢乐，欢乐"——在酒杯里冒泡溢出，给宇宙以力量。一位成熟的作曲家可能会在把这首颂歌改成音乐之前去掉一些类似的比喻，但是一位刚从抑郁中康复的年轻音乐家却说，当他力量足够之际，他会"一节一节地"为它谱上乐曲。

1788 年 1 月末，费迪南德 · 瓦尔德施泰因伯爵搬到了波恩生活。他还不到二十六岁，是莫扎特的朋友，身体里的波希米亚血统纯正得连选帝侯都印象深刻。他英俊，智慧，富有，又热爱音乐，很快就出现在冯·布罗伊宁夫人的沙龙里，并且发现她女儿的音乐教师拥有惊人的才能。尽管路德维希那时候处于作曲的枯竭期，但当他坐在钢琴前让音乐从手中涌出的时候，这一点并没有表现出来。

狂喜之下，伯爵决定倾尽全力去推动路德维希的事业发展。一家理想的经纪机构在波恩出现了。读书与休养协会是一家新成立的文化俱乐部，瓦尔德施泰因立即就加入其中。其成员包括内夫和其他自封的先觉者，他们致力于支持人文学科里任何能促进“启蒙”的项目。他们一致同意年轻的贝多芬是该城未来宝贵的资产，全权委托瓦尔德施泰因在宫廷为他游说。

马克斯·弗朗茨对伯爵的话很是接纳——后者很快就成了宫廷里最受欢迎的人——但是对于给予路德维希比其他音乐家更多的有利条件这件事，他并没有兴趣。所以当路德维希 6 月请求增加薪水的时候，马克斯·弗朗茨根本没有理会。由于知道这位年轻人因偿还旅行负债而过得很辛苦，瓦尔德施泰因喜欢时不时偷偷塞给他一些钱，并且会优雅圆滑地说是选帝侯发的“赏金”。

站在马克斯·弗朗茨的立场上公平地说，那时候路德维希自从童年时代于 1783 年出版过奏鸣曲之后，并没有什么成就能够确立自己的作曲家身份，除了一首钢琴回旋曲和一首名为“致一位小伙子”的歌，而这对他的名声也没有什么提升。经过一段明显没有产出的时期之后，他看起来像是一个逐渐失去才华的神童。宫廷将他登记为管风琴师和中提琴手，名字旁边还没有标上那个表示他也能写出音乐的星号。

他的几个同僚已经是明星人物了：安东·雷哈，笛手；安德烈亚斯·龙贝格和伯恩哈德·龙贝格，来自明斯特的拉小提琴的一对堂兄弟；还有内夫和安德烈亚斯·卢凯西 —— 路德维希祖父的乐长继任者。人们不禁好奇，年轻的路德维希对于这些人白纸黑字般的领先成就会作何感想。

1789 年 1 月，他们之间享有的职业上的亲密感提升了，皆因选帝侯决定成立一个新的歌剧团队。多年来，音乐戏剧在波恩已成了稀有的事物，只有来访的外地乐团和当地临时凑成的从未确定能否长久的演员团体，这都是因为马克斯 · 弗朗茨在钱财方面很小气，再加上卢凯西还需要回地中海度假。他们最终组建了一个常驻剧团，这让贝多芬觉得前所未有地忙碌，在管风琴阁楼、剧院座厅和管弦乐队舞台间往返穿梭，还得同时保住他的教学兼职和在大学里零星的出勤率。到那年春末，他已经在十三场不同的戏剧演出中演奏过了，而且他还可以期待秋冬季演出日程里的莫扎特的《费加罗的婚礼》和《唐璜》。

当秋季剧目开演的时候（《费加罗》的回响伴随着巴士底狱被攻陷的回音），路德维希再次申请加薪。这一次他的理由可不好被拒绝了：约翰 · 凡 · 贝多芬已经变成了一种额外的公众负担，不能继续作为一家之长了。斯特凡 · 冯 · 布罗伊宁宣称曾看见路德维希试图帮助酒醉的父亲，以免他被警察抓起来。11 月 29 日，选帝侯解雇了常年担任宫廷男高音的约翰，并规定他的养老金只有工资的一半。他另外的一半工资 —— 两百弗罗林 —— 将发给他的儿子，从 1790 年 1 月 1 日起生效，另加“三份定粮以供养他的弟弟们”。

因此，十九岁的路德维希实际上成了他父亲的监护人，还要对十五岁的卡斯帕 · 卡尔和十三岁的尼古拉斯 · 约翰负责。不管他知不知道自己到底生于哪一年，这时候他已经成为一个男人了。这一认识，再加上 2 月 24 日从维也纳传来的令人震惊的消息，似乎震醒了他那处于休眠状态的创造力。

头条新闻都是约瑟夫二世这位“人民的皇帝”过世的消息，随他而去的还有在帝国内进一步深化启蒙改革的所有希望。就在他过世之前，因法国大革命而被驱逐的众多贵族倒戈，约瑟夫不情愿地废除了他所立的大部分新法。这些难民使德意志的王公贵族为他们自己旧制度的稳定而战栗。

马克斯 · 弗朗茨感受到的威胁最多，因为他的领地离法国边境如此之近。而且，作为约瑟夫的弟弟，他个人也十分悲痛。选侯区陷入了深深的哀悼之中。波恩读书与休养协会的官员号召举办一场音乐纪念活动，表达公众对国王之死的悲痛。一位当地诗人，泽韦林 · 艾韦东克迅速写下了一首三十五行的诗歌。那个月还没结束，协会就公布了一个令人吃惊的决定，选择这样一位作曲家：一位还不满二十的宫廷乐师，在表达公众哀痛方面经验全无。

我们无从知晓路德维希是怎样打败了众多名字边上有星号的对手，获得了这一殊荣。但是他可有些有分量的朋友在纪念委员会里面，其中就包括内夫和瓦尔德施泰因伯爵，可能就是他们赢得了马克斯·弗朗茨的许可。但是不到三周，委员会就神秘地通告说由于“种种原因”，凡 · 贝多芬先生宏大的《为约瑟夫二世逝世所作的悼念康塔塔》将不予演出。波恩人只能猜测这位年轻的作曲家发现这样巨大的项目远非他能力所及。

近一个世纪过去之后，约翰内斯 · 勃拉姆斯发现路德维希实际上写出了一首宏大的、长达四十分钟的曲子，包括五名独唱者，大合唱队，一支包括弦乐、双木管编制和圆号的管弦乐队。证据是当年原版的手写乐谱，从开头到最后一个双纵线都完整无缺，个人风格极为独特，能够让那个时代任何一位受古典训练的演奏者感受到压力。勃拉姆斯对此充满了敬畏。“即使在题名页没有写作者名，也没有其他的人可供猜测——这绝对是彻彻底底的贝多芬！”现代的人听到这部康塔塔也只能禁不住同意他的说法。《约瑟夫二世康塔塔》的音乐（再次引用勃拉姆斯的话）表达的哀伤“优美而高贵”，想象力的广度“令人崇敬”，而且表达情感的激烈程度近乎“暴力”。

它以低弦上拉长的空C音开始，没有拍点与和声。乐声既不响亮也不轻柔，是一个如土地般的音符，是这首康塔塔的重力之中心。你也许会莫名地知道接下来的无论什么音乐都不会有C大调的炫目。确实，弦乐齐奏被同样延长的C小调管乐和弦接替——即使在贝多芬这么早期的创作生涯里，这个调也与悲剧关联在一起。乐声既不低也不高，它摆脱了土地的束缚，像一朵灰云浮在地面之上。正是这种延伸感，毫不费力就把极端平衡在一起的功力，让勃拉姆斯认出它预示了贝多芬今后的风格。

另一朵云，和声更响亮更幽暗，消散于木管乐声中巴赫式的挽歌里。这里的声部写作精湛无比。当同音弦乐一点一点地回归并溃散为之前那个空洞的C音时，合唱队低唱出那一个轻柔的、令人难以置信的词语：“死。”

死了。这个单音节词再次回响，紧跟在又一个C音之后，和声又更响亮更幽暗：“死。”我们意识到听的是一段引子里的对话的一次重复，有四个层次的歌声与长笛、双簧管、黑管和巴松管的乐声交织回响。又一次，这是未来的贝多芬，在《第九交响曲》之中他也将人的声音作为器乐，也把器乐当成人声。“死——”合唱队第三次唱出这个词，以最高的音量，长达七拍，足以泄出肺部的全部空气。最后一个辅音（在德语中齿音尤其明显）使乐曲陡然陷入一种可称作死一般寂静的状态。

在接下来的音乐中，“死”这个词一次又一次地单独出现，每一次静默都强调着它的终结。艾韦东克的文字充满“狂飙突进”式的意象，用狂野的海浪将1月24日的消息——“伟人约瑟夫死了！”猛抛向听者。贝多芬在配乐中强加上严格的格律，以补偿这一点，但他也对词韵十分敏感，最明显的就是当合唱队麻木地重复“他死了，啊，死了！”的时候，就好像是无法适应这位伟大改革者的离世。

接下来是男低音咏叹调，充满了沸腾的能量。它表现了约瑟夫与“狂热”的战斗，这个顽固派的怪物，其形体以惊人的凶猛之力翻腾、攻击。有时，突强也在不同的乐器上出现，各自相隔一个瞬间，这都预示了三十多年后《大赋格》那多层次的力度。

这音乐此时是如此美妙，任何听众都会为之着迷。艾韦东克的诗歌向约瑟夫的“启蒙精神”致敬，以文字描述人类向光明之地的攀升，而地球也“宁静地围绕太阳转动”。贝多芬以女高音大段独唱的抒情曲应和这段文字，声线如轨道弧线一般升起。正当乐曲开始第二次循环时（圆号在远处呼唤），独唱女高音的四位同伴加入了进来，每一位都是轻柔地飘然加入。五重唱队列整齐地飘浮着，直到合唱队接着在同样的五个声部切入进来。听的时候，你不知究竟是在哪一个时刻，众多的声音聚合在了一起，以光芒四射的渐强音充满了人的听觉范围，令人不禁想起蒲柏说过的话：“流动的形体半消融在光芒之中。”

当艺术隐匿艺术的时候，正如在这里的表现，技术性的分析近乎无礼。但是仔细研究管弦乐谱后，你对贝多芬水风筒般耳朵的崇敬只会更增一筹。在那一声圆号呼唤之后，就只有弦乐器给独唱伴奏。当五位独唱逐渐增强之际，双簧管和黑管在弱拍上不张扬地登场。随后，一个强拍加强了“光明”一词。这是整个康塔塔中大放光彩的中间点，圆号回归，巴松管的低音也加了进来。仅在那一刻——十二个不同音已经鸣响——合唱队才开始唱起来。但甚至在这时，和声也还没有很完整：贝多芬晚些时候才引入最高的女高音，而他的长笛——最高的声部——更晚些时候才出现，就像是最后照来的一道阳光。这的确是启蒙！

在结尾，他以一段深为感人的咏叹调把约瑟夫大帝交给坟墓，并用几乎重复第一段的合唱作为最后的收尾。这位年轻人在这里暴露了自己，他追求的是一种过于完美的对称。然而，你会明白建筑师从贝多芬的音乐里领会了什么。这部《约瑟夫二世康塔塔》，从宏观来看，声学结构相当于科隆大教堂。它那一前一后的两段合唱就像是教堂南北的两座尖塔。它们像管道也像阀门一样，把两组咏叹调连接到一起，第二组咏叹调的长度是第一组的两倍（这是用音乐的唯一测量维度——表演时长——来衡量的）。这四个侧翼部分都以抒情曲为中心。抒情曲自身则以“光明”一词为轴心（正是前面描述的阳光破云而出的那一刻）。接着，在开头和结尾的中间处，幽暗的C小调和声围绕着单音节的“死”这个词发出回响。

每一位艺术家的职业生涯都会留下因“种种原因”错过大好机会的印记。除了丧亲之痛，最深的痛苦恐怕莫过于一位设计师看到他设计的桥没有建成，一位女演员的主演机会被取消，雕刻家的委约被撤回。即使是由于贝多芬本人是个慢工出细活的完美主义者才导致康塔塔最后无法演出，他自己肯定也为此而痛心。如果是其他的原因导致演出被取消，那就让人很不愿去想他的感受，毕竟他才十九岁。他知道，并确信自己写出了一部大师之作，而且，正如日后的事实一样，他会把这段抒情曲的旋律用在以后的一部非常不同的作品之中。但是没有什么比一部“应时”而作的作品更容易被遗忘。

波恩城纪念约瑟夫逝世的日子来了又去，而有史以来在这城市里写出来的最伟大的音乐作品却被抛入了沉寂之中。

不管怎样，责任并不在路德维希身上。很快，他被邀请第二次为君王写康塔塔——这次是为了庆祝约瑟夫二世的兄长利奥波德登上神圣罗马帝国的王位。又一次，他得感谢瓦尔德施泰因伯爵以及读书与休养协会对他的偏爱。又一次，他写出了充满力量而新颖独特的音乐：《为利奥波德二世登基而作的康塔塔》比前一部作品更具有庆典的氛围，虽少一些庄严，但与当时的场合也是相符的。可是，又一次，在预定的日子之前这部，作品的演出被取消了。

因此，当我们看到当时有的文献提到贝多芬在1790年难度大得无法演奏的康塔塔时，我们也不能确定到底指的是哪一部。这导致了传记学上的问题，并影响了弗朗茨·韦格勒告诉我们的另一件重要性高出很多的事情。

那一年的平安夜——路德维希刚满二十岁——约瑟夫·海顿经过了波恩。作为他所处的时代最伟大的作曲家，他正在从维也纳去伦敦的路上，为那一季的音乐会和皇家招待宴会而去。韦格勒说选帝侯的管弦乐队为这位尊贵的访客举行了早餐会。“期间贝多芬给他看了一部康塔塔，海顿对这部作品印象特别深刻，并因此督促贝多芬赶紧去深造。”

我们可以猜测说路德维希把两部康塔塔中更具野心的那部交给海顿看了。海顿肯定像勃拉姆斯一样发现了它的品质。他还可能注意到了《约瑟夫二世康塔塔》主调性强于复调性——这表示这个年轻人还需要对位法方面的更高级别的指导。

事实确实如此。内夫虽然很热爱巴赫，但是他在教赋格的规则方面并不是一位高明的老师。而且任性的路德维希对任何规则都很反感：他的一些进行曲听起来像是故意写得很粗糙。海顿本人对于粗糙效果也十分擅长，比如他的“农民”小步舞曲和“吉卜赛”回旋曲，但是他的对位法总是那么优雅。他说了该说的话，然后继续往北的行程。没人知道他会在英格兰待多久，也不知道他会不会在回来的路上再经过波恩。

接下来的一年半里，路德维希大部分时间都生活得很快乐，享受着城里天才少年人见人爱的交际生活。他仍然是冯·布罗伊宁夫人沙龙里的常客，继续用他粗鲁的举止打扰年轻的埃莱奥诺雷，去大学听课，也和韦格勒一起去策尔花园，那是一家艺术界人士偏爱的小酒馆。它最重要的魅力莫过于老板娘漂亮的女儿芭贝特，她被称为“波恩之花”。当然也有别的酒馆，也有别的女孩，在她们面前路德维希经常表现得像个老正经。在公众场合表现情欲，他会感到受了冒犯，而说黄色笑话更会让他害羞和生气。曾有一位年轻的女子，在他朋友的怂恿下挑逗了他几下。他先是表现得很冷淡，后来就凶了起来，狠狠地打了她脑袋一下。

那时已经被正式封为宫廷钢琴师和管风琴师的路德维希弹奏过许多的协奏曲，包括莫扎特的作品。为他自己的独奏会，他写了共二十四首的《李基尼抒情小调主题变奏曲》，这是令人耳目一新且技艺精湛、独具特色的作品。它的结尾部分是他怪异才能的早期证明：他同时将音乐扩大并压缩。在右手里忽闪而过的固定音慢慢从十六分音符变成八分音符——音符长了一倍——接着又渐变成了四分音符和二分音符，以此类推。但是“慢”真的是正确的词吗？只有时值在变化，律动并没有变化。看起来像是大规模的减速，实则是持续渐进的动能。

路德维希也写了其他一些不太重要的作品，但是他都留着没有出版。1791 年 3 月 6 日，一首新的炫目舞曲《骑士芭蕾》诞生，宣传语说它是瓦尔德施泰因伯爵的“作曲作品”，他对自己才是真正的作者一事保持了缄默。显然他也知道不应该剥夺自己的赞助人满足虚荣心的时刻。

海顿在英格兰待了十八个月之后再次光临波恩，其时德意志的音乐和政治局面都发生了变化。它又经历了两次死亡，其重大影响堪比约瑟夫二世的离世，在 1791 年到 1792 年的那个冬天里震惊了维也纳：12 月 5 日沃尔夫冈 · 阿马多伊斯 · 莫扎特去世，接着在 3 月 1 日皇帝利奥波德二世也去世了。

莫扎特的离去让六十岁的“海顿爸爸”此时真正成了欧洲音乐家的君王。从圣彼得堡到塞维利亚，他都受到尊崇，鼓舞了宫廷作曲家，证明了一位天才在保持自己本质上仆人身份的同时，还能拥有很高的社会荣誉。（他的雇主是亲王保罗 · 安东 · 艾什泰哈齐三世。）在英格兰，威尔士亲王给他鞠躬，牛津大学给予他尊敬。但他唯一的、真正的野心只是想让古典主义盛期的音乐风格变得完美，而这种风格基本上就是他创造出来的。他最新的交响曲超越了莫扎特，将单主题展开与和声的冒险结合了起来。同时，它们也让时髦的鞋子继续啪啪地踏着地板，让达克特金币源源不断地流进口袋。很显然，海顿就是能指导路德维希进行“深造”的那位老师。

在 1792 年 7 月中旬海顿离开波恩去维也纳之后，瓦尔德施泰因伯爵和其他人成功地说服了马克斯 · 弗朗茨同意了这事。又一次，选帝侯批准了路德维希去外地学习需要的长假。他的旅费将是公费，还会得到一笔安置津贴，而且他还得到允许，只要海顿愿意教他，他可以一直带薪留在维也纳。

如果马克斯 · 弗朗茨不是被眼前不祥的策略问题分了心，他可能不会乐意失去这么一位最有能力的宫廷音乐家。但是利奥波德二世的过世——又一位皇帝，又一位兄长——让整个启蒙的哈布斯堡王朝统治受到了威胁。自从巴士底狱陷落之后，帝国与革命法国之间的紧张局面逐渐升级。争论的焦点在于德意志的亲王们对逃离雅各宾专制的法国流亡者的殷勤态度。新的皇帝弗朗茨二世——利奥波德二十四岁的儿子——拒绝了法国的一项要求，即莱茵兰的亲王们必须停止为反革命分子提供庇护。就在海顿刚回到维也纳，还没来得及打开行李时，罗伯斯庇尔就发动了暴乱，彻底推翻了法国国王的统治。于是革命公社的所有狂热之力现在集中在对神圣罗马帝国发动战争上，他们将其视为专制主义的威胁。作为回应，奥地利和普鲁士结成了联盟。9 月 20 日，在马恩省瓦尔米之战中，德意志联军被法国的炮火击退。歌德亲眼见证了这一事件。正当千百万德意志人因法国突然转变成一部没有国王的嗜血机器而震惊时，只有他用朴实的语言道出了瓦尔米之战的讯息："这个地方和这一天标志了世界历史新纪元的开始。"

一个月之后，美因茨陷落，使得莱茵河左岸的防线完全敞开，由此法国的兵力开始在科隆选帝侯领地的南部和北部集结。很明显，路德维希必须赶紧结束在波恩的事情，除非他想被抓去写《马赛曲》的变奏曲[①]。

要离开他的出生之地并不容易，二十二年来，他对路上的每一块石头、每一家咖啡馆、每一棵椴树都有了亲密的熟悉感。还好他的弟弟们都已经长大成人了，分别是十八岁和十六岁，而且还有一

① 这一推测并非毫无根据。贝多芬在大学的一位朋友欧洛吉奥·施奈德是首位把《马赛曲》译为德语的人。——原注

位管家来照顾他们那位被酒精麻木的父亲。也有许多伤心的道别：与他在明斯特广场的“第二个家”——冯·布罗伊宁夫人、埃莱奥诺雷和小斯特凡；与弗朗茨·韦格勒、策尔花园酒馆撩人的芭贝特，还有数不清的其他朋友和仰慕者，更不用提那个经常站在文泽尔街他家窗外的街头音乐狂人——他似乎在用这样的行为鞭策路德维希写更多的作品。

他对内夫彬彬有礼（“如果我哪一天成了一个伟人，其中一定有你的一份功劳”），我们希望他对瓦尔德施泰因伯爵也是如此，11月1日，临行前一天，伯爵在他的告别纪念册上如此写道：

> 亲爱的贝多芬！你就要去维也纳实现一个长久未能完成的心愿。莫扎特的天才之魂为它门徒的死亡而哀悼、哭泣。它虽在灵感永不枯竭的海顿身上找到了庇护所，但并没有得到释放；通过他，它正在寻求与另一人的联合。通过勤勉的努力，你将定能通过海顿之手接收莫扎特之魂。

第二章　海顿之手

有一些时刻，会让年轻人雀跃，却让老一点的人头发灰白。1792 年 11 月 2 日的下午过半之时，就出现了这样的时刻，当时贝多芬乘坐的邮路马车正从科布伦茨出发去法兰克福。在前方的黑夜之中，黑森的军队来了，“像恶魔一样行军”。贝多芬面临着选择，要么在情况变坏之前回头，要么贿赂车夫继续驾车驶过行进的军队，这可冒着挨棍子的风险。而且，即使他们通过了，面临的前景也会很有意思——可能会遇上从美因茨往北而来的法国军队。

在远方，大约八天的路程之后，是维也纳和有限的独立。而在身后，延绵着莱茵河、波恩和受奴役的记忆。如何选择再清楚不过。他和另一个年轻的乘客承诺给车夫一笔小费，以继续赶原先的路。前方的军队分开了。第二天早餐时刻，贝多芬就到了法兰克福。从此，他再也看不到莱茵兰了。

在他的余生中，维也纳都将一直是他的家。在未来的一些年里，他会面对两三次无法拒绝的去奥地利之外的旅行邀请。甚至还有令人激动的跟海顿去伦敦的机会——英国人想让他再回去。但是随着贝多芬年纪越来越大，他事业的向心力越来越强，维也纳及周围的郊区越来越紧地拥抱着他，直到他最终变得像寄居蟹一样不可动摇。

奇怪的是，在这位莱茵河来的年轻人眼里，这座伟大的城市居然背对多瑙河，偏偏选择了在南边几英里开外的一条运河边挤成一团。它环形的石墙辅以巨大的塔楼和雉堞加固，看上去固若金汤，可其实它很久以前就超过了极限，现在被增加的农业城镇和豪华的庄园所环绕。在这些城郊——这些地方离城太近了，不能算郊区，但又与塞满了宫殿的内城隔开来——今后的春天里，贝多芬将有许多次愉悦的散步之旅。在更远处，还有粉刷成白色的小村子，分布在向西南方向延伸的布满一行行葡萄树的山上，由于当下正值隆冬树叶落尽，所以看起来十分萧瑟，但当夏季来临的时候，那些地方全都是可以出租的房子，他那时候可没敢想那里会那么奢华。在它们中间、背后、上方，阴沉地覆盖在西边天际的是延绵的维也纳森林。在顶南边，那些在城墙边散步的人还能隐约看见阿尔卑斯山。看着它们令人很难不去想——正如歌德所做的那样——边境外的柠檬树之国，正如会想到左边低躺在雾霭之中的匈牙利一样，它只是通往“近”东的一扇屏障而已。

老一辈的维也纳人会重复他们的父母给他们讲的故事，突厥人如何冲破那片雾霭包围了这城市，让它几乎弃城投降。还有其他的异国侵略者，以和平或战争的方式，在几个世纪里来了又去，在维也纳的教堂上留下了洋葱状的圆顶，在维也纳的公园里种下了他们的丁香花，在维也纳的餐馆里有他们的红辣椒和一块块的糕点。维也纳不全是条顿文化的风格，洛可可风格的建筑使它有点像法国，在歌剧口味方面是意大利式的，在社会监督体制和细致的天主教义有西班牙的影响，维也纳与法兰克福或柏林大不相同，就好比波恩与布达佩斯很不一样。

然而，它 11 月的天气，却是地地道道的德意志天气。贝多芬很幸运，拥有瓦尔德施泰因伯爵和皇帝的叔叔亲笔签名的推荐信和信誉担保，保证他能得到住处和庇护。他搬进了自己的第一间单身公寓——一个位于阿尔瑟街订书匠商店阁楼上的小间，在此写下了需要立刻置办的几样东西：一张桌子、一个印章、一件外套、靴子、鞋子、黑色丝绸袜子。“我得以全然一新的方式装备自己。”他得租一架钢琴，还得找一个技术好的假发师傅，另外还要找好木柴和咖啡的供应商。鉴于维也纳有大量优秀的年轻女子，对他来说，学会跳舞也是很必要的。他记下了一位别人推荐给他的舞蹈教师的地址。

音乐会门票、写稿的用纸、一个印章以及其他的必需品都得付钱，还得算上日常生活的支出。所有这些都需要比他带来的钱更多的资金支持，所以贝多芬向选帝侯在当地的代理人申请了当初承诺给他的一百达克特金币的津贴。令他气愤的是，他不是第一位，也不是最后一位发现应支付的金额总是被克扣的签约艺术家。付给他的只有二十五达克特金币，其中的大部分都被排进了别的预算里。也许就是这样的冰冷的打击，让他很早就决心与那些有钱的人、对钱漫不经心的人为应得的每一分钱斗争。

就算真能拿到全额津贴，这笔钱在一座花费高昂的大城市中仍然只是一笔很小的数目。一百达克特金币相当于五百弗罗林银币，他得靠这钱维持一年的生活。但是，对一个当时在维也纳过简单生活的中产阶级单身汉来说，一年的平均开支是七百七十五弗罗林。就那点钱，谁还付得起上舞蹈课的费用呢？

到了12月中旬，贝多芬只剩下六十八弗罗林了。带着所能想象出的阴郁心情，他计算了可预见的日子里的核心花费：

房租	十四弗罗林
钢琴	六弗罗林四十十字币

暖气（每天）　　十二十字币

食物和葡萄酒　　十六弗罗林三十十字币

还加上了十七弗罗林的最低限额作为学费和其他必需开销，这样一算一年的预算就是约六百八十弗罗林。他可以指望一直会有的每个季度两百弗罗林的收入，但是即使加上他的津贴，到1793年底，他也会面临一百弗罗林的赤字。而且这一假设还得建立在马克斯·弗朗茨继续给他付钱的基础上。根据来自莱茵兰前线的最新头条，波恩很快就可能变成一座法国的城市了。到时候谁给选帝侯的领地定价呢？

约瑟夫·海顿并不急着剥削贝多芬。他们12月的头“几堂课”，他只收了八个格罗申币，大约相当于几顿饭的价钱。也许这是因为海顿几乎没有时间真正进行教学，那可是圣诞节前忙碌的音乐季。老师和学生见面好像只进行了简短的谈话，正经的课程都延期到了节日之后。贝多芬当然十分失望。没有哪个野心勃勃的年轻人愿意走那么远的路，花那么多钱，结果被这样敷衍。

因此，他的二十二岁生日没什么特别值得庆祝的。他在此地收到的第一条私人消息也并没有带来任何的振奋：他父亲12月18日过世了，死于“胸部积水”。这消息恰好跟着马克斯·弗朗茨尖酸的笑话一起传到了他耳朵里：“酒类消费税的收益遭受了损失。”

无论贝多芬感受到了什么悲痛——至少不足以让他回家参加葬礼——他都从中获得了收益，继承了一半终止发给约翰的养老金。这使得他可以继续在维也纳生存下去，在海顿的指导下完成音乐教育，以钢琴家的身份获得瞩目，并开始与出版商进行联系。所以，约翰以死亡帮助成年的他开启了职业生涯，就像多年前那位严格的父亲把哭着的他抱上羽管键琴的琴凳一样。

到 1793 年 1 月底（这个月另外值得关注的就是路易十六被砍头了），年轻的贝多芬在学业上已经大有进步，海顿戏言式地宣告说他可以写“伟大的歌剧”了。至于海顿自己，他“很快就会不得不退出作曲一行”。

老师和学生看起来配合得很理想。从表面来看，他们在某些方面有些古怪的相似之处，两个人都很矮很壮，在他们扑满粉的假发之下，同样是深色、布有凹痕的脸。但是海顿的容貌轮廓更加鲜明，他的鼻子由于里面的息肉而有点侧弯。为了帮自己呼吸，他张嘴悬着长长的下巴。这让他看起来比六十岁老。他说话的口音暴露了他奥地利布尔根兰州低贱的出身，在处理事务时显示出的那点农民的韧劲儿也是如此。海顿为艾什泰哈齐亲王们担任有身份的乐长已达三十年，往来于他们在匈牙利的宫殿和维也纳南边不远处的艾森施塔特之间。现在他差不多退休了，被允许住在首都，出版的后期音乐作品得到的收入也归他私有。

每个人都喜欢“爸爸”，除了玛丽亚·安娜·海顿，据传她是自赞西佩[①]之后最厉害的悍妇。与她分居之后，他独居在城中东部高级防御工事边的一间公寓里。周围充满阳光的风景正应和了他自己对生活的态度。在这里他追求着最合他意的简单生活，早上作曲，午饭之后修改样稿，晚些时候出去散步，请朋友过来吃晚餐。与穿衣服时似乎都不摊开手的贝多芬不一样，海顿总是很优雅正式，绝不会没戴好假发就开门见人。他对所有的来访者都很友好，也能轻松

① 哲学家苏格拉底之妻，以其锋利的口舌闻名，据说是在讨论时胜过苏格拉底的唯一一人。现泛指唠叨、经常骂人的人，特别是泼妇。

安抚那些对他过度敬畏的人："就把我当成一个上帝给予了些才能以及一颗善心的人吧。"

贝多芬对任何人的敬畏都是有限的，他更感兴趣的是如何把自己的才能发挥到最大值。他想要对位法的速成教程，而六周的课程已经让他认识到，在海顿这里他是得不到这个的。有人就这两个人为什么没有建立很好的教学关系提出了很多原因（虽然他们当年形式上还在继续会面）。最值得信服的当属他们两人都不适合纯理论的学习。有约二百五十份贝多芬的对位法练习稿存世作证。他写的东西满是粗心的错误，而海顿改正的很少，而且有时候还改错了。可以看出双方都感觉很无趣。

究其数学本质，对位法是一门很容易退化为科学的艺术。当把转位、增值、移调的技能单单作为技术而不是别的什么的时候，纸上的音符就像是被磁化的铁屑，排列的方式毫无人性，根本不能称之为音乐。但技能必须获得，就算作为一名提防惯性之害的年轻作曲家也是如此，惯性正是技术带来的危害。海顿自己的复调音乐拥有奇迹般的灵活性，但他却犯了个错误，竟让贝多芬去学《复调基础课本》或基础规则体系，其严谨程度足以满足一位结构工程师了。

那本书在第二、第三部分列出了约三百个对位法问题，第四部分是关于和声的。贝多芬完成了大部分问题，但同时心里也在逐渐确信他需要换一个老师。海顿对于他歌剧才能的戏言暴露出了一种优越感，这正是一直对音乐保持严肃态度的贝多芬所反感的。但是怎么能开除一位奥地利人尊为"我们国家的骄子"的伟大作曲家呢？那简直相当于自毁前途。他只能希望海顿下一次不列颠之旅的时间长一点。

同时，"爸爸"也很高兴能跟这么一位二十二岁的年轻才俊相处。

贝多芬还礼貌地送来咖啡和巧克力，而且他在钢琴上弹奏的巴赫已经成了维也纳那些世故精英议论的话题。戈特弗里德 · 凡 · 斯威特恩男爵——帝国图书馆的馆长、莫扎特在巴洛克音乐领域的导师——一直在询问这位年轻人赋格学得怎么样了。这类尊贵人物的关切让海顿甚为受用。他毫不怀疑，总有一天，贝多芬会在他所有作曲作品的题名页上写下“海顿的学生”。

6月，海顿带贝多芬去艾森施塔特，并把他介绍给安东 · 艾什泰哈齐亲王，贝多芬对这一身份并无异议。有一则老掉牙的逸事说，他偷偷地安排别人给他找来一个叫约翰·申克的人写的对位法抄袭作品，后来还嘲笑海顿被愚弄了。但是现代学者并不相信确有此事。无论如何，贝多芬在海顿身上有很多可以学的，仅是待在海顿身边并分享这位作曲家的职业生活就够他学的了——看曲谱、讨论器乐谱写的要点、参与排练，以及用只有音乐家才能理解的半唱半用手势表达的几乎没有话语的句子进行交流。他手抄的海顿《弦乐四重奏，Op. 20，No. 1》就是他个人对“爸爸”态度的证明：每个音符都写得充满虔诚，好像仅仅是抄写它们就能帮他理解作品的精妙技艺。不禁让人想起莫扎特说的一句话：“我最早就是从海顿那里学习到了如何写弦乐四重奏。”

在狭隘的学习生活之外，贝多芬发现他的钢琴演奏和令人钦慕的社交担保人足以打开最阔气的权贵之门。还有哪个新来的艺术家能搬出瓦尔德施泰因伯爵、马克斯 · 弗朗茨，以及海顿、凡 · 斯威特恩这样的名字？就算他暂时还不是名人，但离成名之日也不远了（而且会成为“一个更快乐的人”，他在给埃莱奥诺雷 · 冯 · 布罗伊宁的信中这样写道）。

克里斯蒂亚娜 · 利赫诺夫斯基公主——瓦尔德施泰因的一位表亲——和她的丈夫卡尔亲王就住在阿尔瑟街45号，一处离他很近的住所，这肯定不单是巧合，他们夫妻可属维也纳最狂热的音乐爱好者之列。在他们夫妻关系的其他方面显然缺乏爱与激情。这位二十八岁的公主让贝多芬想起了他的母亲：她也是这么忧伤，婚姻也让她缺乏安全感，切除双乳的手术对她的自尊也是一种损伤。亲王是一位三十七岁的壮汉，声音洪亮，精力充沛且生活奢侈。他在音乐方面有些天分，跟莫扎特学习过，但是也有那种外行人容易对天才过分敬畏的倾向。利赫诺夫斯基夫妇很快就开始为赢得贝多芬的好感竞争起来，两人各自的占有欲未来可能会成为一个问题。但当时，他只是因成为这对夫妇的被保护者而感到高兴，毕竟他们都是社交界的显贵，他还成了他们每周五早上在套间里举行的室内音乐会的常客。

由此，他开始了与维也纳城里的贵族的第一段亲密关系，在未来几年里，它会发展成一个庞大错综的蛛网般的社交圈，足以让他衣食无忧。通过利赫诺夫斯基夫妇，他结识了亲王的兄弟莫里茨伯爵和公主的母亲玛丽亚·威廉明妮·图恩伯爵夫人——她是格鲁克[①]、海顿和莫扎特的尊贵的女赞助人。伯爵夫人的另一个女儿伊丽莎白嫁给了极为富有的俄国大使安德烈亚斯·基里洛维奇·拉祖莫夫斯基伯爵。大家都知道的凡·斯威特恩男爵——他也已经认识了，这位严肃的老贵族给他送来召唤令，读来十分感人：“如果您没有别的安排，我希望您能在下周三晚上到我家来，包里别忘了带您的睡帽。”其他的名人也逐渐向他聚拢（就像发光的灯丝逐渐把光传到另一根灯丝）：约瑟夫·弗朗茨·马克西米利安·冯·洛布科维茨亲王，约瑟夫·约翰·内波穆克·施瓦岑贝格亲王，他们俩都很富有，负担得起他们自

① 克里斯托夫·维利巴尔德·格鲁克（1714—1787），德国作曲家。

己的私家管弦乐队；约翰·格奥尔格·冯·布朗－加缪伯爵，莫里茨·弗里斯伯爵，匈牙利大使馆的尼古拉斯·兹梅什卡尔·冯·多玛诺夫威茨男爵；因诺琴佐·帝埃尔布－奥代斯卡尔基亲王；彼得·冯·布劳恩男爵，国家剧院的承租人；约瑟夫·戴姆伯爵（当警察在场的时候，他私下更愿意被人称为“缪勒先生”）；约瑟芬·索菲亚公主，约翰·约瑟夫·冯·利希滕施泰因亲王的妻子，约阿希姆·埃贡的女儿，弗斯坦堡－魏特拉县的女领主……这些以及其他有多音节名字的达官显贵都为他“高贵的”钢琴技艺而喝彩，并以那些从没接受过任何拒绝——无论是被艺术家还是男仆——的男女们略微上扬的声音，邀请他即兴弹奏莫扎特和萨列里[①]的曲子。贝多芬遵从了他们的意思，但是同时也恨这样的自己，因为他知道，在他们轻拍的手掌间掌握着他的未来，他只能静候时机直到自己能说不。有时他会向不是贵族的朋友们发泄愤怒，比如他曾满怀歉意地给西奥多拉·福克写信说：“我不是个恶人——热血冲头是我的错——我的罪行源于我太年轻。”

10 月 16 日，法国王后玛丽·安托瓦内特被处决，她成了第一位在恐怖统治下死去的奥地利贵族，这给这些等级的贵族带来了一波恐慌。他们明白，法国政府会资助以推翻寡头政治集团为目的的国家政府。

没有人能理解法国究竟为什么能在指挥中心近乎无政府主义的状态下打赢每一场仗，但是这威胁却让英格兰、荷兰、西班牙、奥地利和普鲁士结成了有史以来最不可思议的联盟。他们普遍希望通过这样一个对法国形成包围的联合能够最终遏制反帝国的力量，但是在 1793 年的秋天和初冬，贝多芬的喝彩者们需要用尽可能多的音

① 安东尼奥·萨列里（1750—1825），意大利作曲家。

乐来分散他们的注意力。

他们同时也因国内安全的猛烈加强而感到安心。伟人约瑟夫的所有自由化的改革中，只有秘密警察系统硕果仅存，讽刺的是，他创造它是为了强制执行改革措施。弗朗茨二世，如今的君主，决心建立一个更为专制的城邦。所有的权力都掌握在他本人的手里，所有的特权都属于贵族阶级，所有的民事诉讼都由官员、银行家、商人、专业人员组成的“次贵族阶级”解决，所有的劳力都由仆人和农民提供，而他们在约瑟夫统治下所有的权利都被剥夺了。为了巩固这个新封建制结构的稳定性，弗朗茨重新使警察成了行使惩戒、监视和审查功能的代理人。结果，维也纳在贝多芬早年的经历中，无论在意识形态还是社会氛围上，都是一座令人感到很受约束的城市，比只有它二十分之一大小的小城波恩还严重。“你在这里不敢大声说话，”他在给一位朋友的信里这样写道，“不然警察会把你抓进牢里。”

当他找回自己作曲家的真正身份时，他才在这里找到了一线微弱的光辉。他享受孤独的快乐，总是在钢琴边长时间地工作，逐个音符地分析自己即兴创作的乐章，试图给那些从他脑海里涌出的主题乐与和声建立规则。他过早地出版过一组根据莫扎特《费加罗的婚礼》中“我亲爱的伯爵”写的小提琴和钢琴变奏曲，因为他害怕某些对手会听到并将其剽窃。即使在他职业生涯这样的早期阶段，他就对知识产权的想法十分执著。当他为了学习的缘故摘抄一段乐章的时候，他这样严肃地提醒自己：“这一整篇乐章是从莫扎特的 C 大调交响曲那里偷来的。”

让他尴尬的是，小提琴变奏曲被标记为他的“Opus 1”（第 1 号作品）。一位作曲家通常会将这个作品编号留给自认为配得上自己才华的第一部出版作品。贝多芬本希望他能以不这么草率的作品向维也纳公众宣告自己的存在。“我确实希望我的作品……能以尽可能完美的形式面世。”他决定让这组变奏曲在货架上自生自灭，然后把它们降级归入难堪的“WoO”（不带编号的作品）档案中，那是他至此所有作品共有的编号。

他也更劲头十足地谱写一部降 B 大调的钢琴协奏曲，一部双簧管奏鸣曲，一部管乐五重奏，以及一部管乐八重奏。11 月的时候，海顿把后三部作品，还有《费加罗》的变奏曲以及一部赋格寄给了马克西米利安·弗朗茨，将它们作为贝多芬勤奋学习的证据，称他为“我亲爱的学生贝多芬，蒙上天眷顾委托于我”。这位年轻人已经来这里待了一年，海顿也意识到要让选帝侯（现在已经回到了波恩，但仍然怕法国人）继续发放新一年的津贴前得到点安心的保证。他提到了关于钱的敏感话题，说贝多芬目前五百弗罗林的津贴在维也纳根本不足以应对“哪怕最基本的生活开支”。为了保护他不被高利贷侵害，海顿已经预先借给了他五百现钱。“我现在请求您能把这笔钱付给他。”至于未来的报酬，“我觉得如果阁下您来年能给他一千弗罗林的话……”

海顿向选帝侯保证这笔投资一定会得到回报。“贝多芬迟早会成为全欧洲最伟大的音乐艺术家，而我自己也为能成为他的老师而感到骄傲。”

海顿的骄傲持续得并不长。12 月 23 日，马克斯·弗朗茨回信道：

> 你寄来的年轻的贝多芬的音乐作品已经随信一起收到。由于这些作品，除了那赋格以外，在他离开波恩第二次踏上旅途之前就已经写成了，因此，我不能把它们算作他在维也纳取得的成绩。

> 至于有关拨给他用以维持在维也纳生活的费用的问题，金额确实只有五百弗罗林。但是除了这五百以外，还有他在这里领取的四百弗罗林的工资［这里面也包括了约翰养老金的那部分］一直都在给他支付；他一年实际收到的是九百弗罗林。因此，我不能理解为什么他在财务方面有像你所说的那种欠债的困境。
>
> 所以我现在觉得他是否还是回到这里继续他的本职工作为好。因为我十分怀疑他在学习作曲方面是不是真的取得了任何重要的进步，我担心他会像第一次维也纳之行一样，除了一身债务什么也带不回来。

不难想象海顿对这封信会作何反应。他不仅被骗了五百银币，而且虽然自己跟未来作曲家的伟大才能扯上了关系，但显然尚未对其产生丝毫影响。在这种情况下，他下回见到贝多芬的时候，就算朝贝多芬的假发上砸一把中提琴也是情有可原的。然而，在 1794 年的新年里，他们仍然有过——如果真有的话——几次进一步的会面。1 月 19 日，海顿又一次踏上了长久的不列颠之旅。

他们怎样解决了纠纷不得而知。海顿锱铢必较的程度堪比他提到的任何投资人，所以可见贝多芬肯定连同全额利息把钱还给了他。要给贝多芬辩护，我们得考虑到他在维也纳度过的第一个冬天里，由于一些不是他个人的错，他确实面临着真切的财务困境。约翰的钱过了六个月才到他手里。他也没偷懒：他做了很多的对位法练习，选帝侯声称以前见过的那些作品，事实上他可能重新写过。不管怎样，海顿觉得自己被欺骗，这也是理所当然的。他与他的“亲爱的学生”之间的关系从此以后再也不那么亲密了。

“勇气……”贝多芬在给自己的一条备忘中写道，“今年必须成就那完全的男人——不允许留下任何事情没做完。”既然海顿已经合时宜地不在身边，他现在可以换一个名头没那么响但更为专业的理论老师了：他就是约翰·格奥尔格·阿尔布雷希茨贝格，圣斯蒂芬教堂的乐长。在接下来的十六个月里，他将在这位知识渊博的学者手下学习。他们共同探索的双声部、三声部和四声部赋格，双赋格和合唱赋格，二重对位和三重对位的奥秘最好还是留给音乐理论家去探讨。我们只需要知道，贝多芬是一个崇尚自由精神的人，在与阿尔布雷希茨贝格的学究式教学斗争的时候，他那因爱斗争而斗争的精神只会让他不断地回来学习更多。

他走向自我完善的另一举动是重新拾起孩童时代放弃的小提琴课程，一周三次跟利赫诺夫斯基的首席提琴手——一位名叫伊格纳茨·舒潘齐格的胖胖的年轻艺术家学习。由此，一段音乐价值不可估量的友谊开始了，因为舒潘齐格的胖手指将拉出他未来大多数的弦乐四重奏。

1794 年 10 月，奴役贝多芬的最后一根链条被打断了，法国人一系列精彩的胜战最终让科隆选侯国走到了尽头。波恩成了一座愁云惨淡的城市，不断有中上层阶级的年轻人逃离这里的法国殖民。弗朗茨·韦格勒在那年秋天跟成百上千的年轻人一起来到了维也纳。还有卡尔·卡斯帕·凡·贝多芬，如今是个二十岁的年轻人了：矮小，红发，相貌难看，一直在说要当个音乐教师。贝多芬狂喜，但是面对卡尔却尽可能压抑自己。他们之间的关系——一半温情，一半敌视——在现阶段的家族故事里并没有什么重要性。但是它总有一天将引起贝多芬一生当中最严重的危机。

他现在已经二十四岁了。随着马克斯·弗朗茨宫廷的灭亡，他再也没有一份赖以生存的工资了。从此时开始，他必须全力依靠自己的钢琴和作曲事业赚钱。

除此之外，随之而来的还有可观的社交上的成功。韦格勒(二十九岁的他正因不得不从波恩大学院长职位上退下而感到郁郁寡欢）发现这位老朋友——现在已经不住阁楼了——正以利赫诺夫斯基客人的身份过着奢华的生活。仆人们如果同时听到了贝多芬和卡尔亲王拉响的铃声，应该先回应凡·贝多芬先生的铃。路德维希还找到了一个出版代理人，言谈间还明显对于得到“七折优惠”感到满足，不过韦格勒发现他其实对钱的事情根本不在行。他仍然有足够的钱经常去餐馆吃饭，不需要付房租，也不缺有钱、漂亮又年轻的钢琴学生。他还开玩笑说准备好要结婚了。如果韦格勒的话可信，年轻的贝多芬“总是陷入热恋，而且征服了很多女子，这方面的成果，连阿多尼斯[①]都望尘莫及”。

就在这段时间里，他仿效欧洲其他城市里高雅的年轻人，不再给假发扑粉了。假发和发辫被抛弃了，裤子带提到了他纤细的上腹部，外套颜色更暗、款式也更随意了，三角帽让位于戴得靠后的小便帽，就像路德维希爷爷当年的那顶窄边帽。由于他一贯缺乏圆滑的技巧，他写信给埃莱奥诺雷·冯·布罗伊宁说，她之前给他织的安哥拉毛背心“现在已经完全跟不上潮流，我只能把它放在衣柜里了”。她婉拒了他提出的再给他织一件的请求，但是给他寄了一块手工绣花的颈巾，这让他又是歉疚又是欢喜。“我几乎不敢相信，对您来说，我现在仍是个值得记起的人。”

有了这些装备，他就不再是旧制度的跟班了，而是全新的、更

① 希腊神话中的植物之神，非常俊美，受女性崇拜。

开放的时代的一位绅士。与此同时，他“征服”的那些女子，也允许她们的头发自然地呈拳曲状散落，她们从紧箍的裙子里跳了出来，显然更愿意穿衬裙，让胸围线随着每个季节的过去变得更高、更裸露。

有人怀疑，这位比阿多尼斯还厉害的年轻人获得的胜利其实更多的是在音乐室，而不是卧室。他仍然——也一直将是——在性方面很羞涩，对女性总是恭敬有礼。他的女性朋友对他现存的描述中，虽然都饱含深情，但是无不对他相貌的不美观感到遗憾：黑黝黝的西班牙人一样的肤色，皮肤上的坑坑洼洼，拳曲的黑发，以及两条短腿。只有他的大额头很引人注目，还有他那看起来因下定决心而紧闭着的嘴唇。他的须茬很浓密，剃胡须的时候肥皂泡得打到眼睛旁边才行。韦格勒注意到，他不愿意剃胡子，吃饭的时候也不爱换衣服，这可是跟时髦的利赫诺夫斯基共进晚餐必须遵守的礼仪。[①]

他受益于更为自由的时尚新法则，让衣服在他芦苇秆一样的身体周围飘飞：“不扣扣子”成了他最喜欢的自我描述，不仅表达了情绪，也表达了风格。他爱干净几乎到了神经质的程度，只要一看到洗手盆就拿起肥皂，总用最干净的床单被罩，永远在用餐巾擦他那雪一样白的牙齿。这让他罕见的大大的笑容尤为光彩照人，就像是被一团黑暗环绕着一样。

当他在钢琴键盘边上时——黑与白跟黑与白的相交——那种让贝多芬成为精美瓷器的威胁的躁动能量就消散了。“他弹奏时的姿态，”卡尔·车尔尼[②]写道，“平和、高贵、充满美感，表现出他精湛

① 这更多是出于笨拙而不是对传统的挑战。贝多芬不会安全地使用剃须刀，削铅笔也需要人帮忙。他最终也没能学会跳舞。——原注

② 卡尔·车尔尼（1791—1857），奥地利作曲家、钢琴家、音乐教育家。

的技艺，没有任何一点奇怪的表情。”他安静地坐在钢琴前，然后像丝毫不费力的样子，弹出一大段旋律。他的技巧无比协调，放松的手腕能像弹奏音阶一样迅速地弹出和弦，两臂灵活地交替，跳进每个转换的节点都精确无误。他的一项特殊技能是三重颤音：一手的四根手指以蜂鸟振翅的速度弹奏，再加上另一只手的两根手指，六根手指弹出的全部音量在增强为强音之后静了下来，成为一种几乎听不见的振动。没有人赶得上他弹精密乐章时的速率或弹慢乐章时的洪亮度。多年的管风琴弹奏给了他完美的连奏技巧。他能轻松地把内声部和外声部连接起来，只在为达到一种怪异的微妙音效时，他会故意把低音线弹成断音。每一个干巴巴的音符，在停歇之后，都会把它的泛音传递到空弦上，使它们在不受敲击的情况下共振——这进一步证明了年轻的贝多芬的听觉属于音乐史上最敏锐之列。他就这么完成了这样的奇迹，一位亲历过的人回忆说：“他的手如此沉着……它们好像是在琴键上左右滑动。”

除了技巧，他的演奏中还有一种难以描述的高贵，一种更接近灵魂而不是风格的大气，不带任何的浮夸，全无炫技的感觉，拥有古典一词最高层面上的纯净。虽然他弹巴赫、亨德尔、格卢克和莫扎特的曲子也弹得极好，但是他演奏自己写的曲子时最令人信服。车尔尼不是唯一用“高贵”来描述他的钢琴演奏的听众。“我发现我自己深深地臣服在他面前，”捷克作曲家瓦茨拉夫·托马舍克在听他弹奏之后写道，“以至于我好几天没有去碰自己的钢琴。”四十年后，贝多芬仍然是他眼中的“钢琴演奏者中的巨人”。

但这并不表示利赫诺夫斯基沙龙里的每一位客人都像这样被他迷住了。那些华丽风格音乐的信徒就很抗拒贝多芬时而出现的粗莽倾向。他们感到奇怪，为什么这些爆发总是在接近最美乐章的时刻出现。这个任性的年轻人肯定有点不正常，好像他故意要违背自己的才华。对于他们而言，“作曲创作”应该像水彩画那样清新、漂亮而且小巧，他却是一个用油画颜料涂鸦的拙劣画匠，在亲王这间画室容不下的大画布上猛力地作画。

在 1795 年春天，维也纳还不是督政府统治下的巴黎。实际上，巴黎也没有被督政府控制——至少那时还没有。但现在革命已经成功了，因而对于贝多芬那些更有远见的听众，尤其是年轻人，他风格中的暴力和宏大符合了新的力量美学和“不扣扣子”的情感美学。它跟莫扎特的音乐不一样，不总是那么讨人喜欢——但是让你无法抗拒。

关于 3 月 29 日贝多芬首次公演的究竟是哪首钢琴协奏曲，学界有两种看法。有的学者坚称是他的第一部，降 B 大调的那部。有的学者则相信应该是他的第二部，C 大调的那部。但是他们都坚持称它为“贝多芬的第二部作品”，因为它是在他写的第二部协奏曲之后出版的，他的第二部协奏曲也被称为“贝多芬的第一部作品”。但是这“第二部”又被认为是他的第一部作品，因为它的第一乐章是在波恩写成的。然而，它的第二乐章可能不是他最开始写的那个乐章；似乎他在写完“第一部”的第二乐章之后又重新写了这个第二乐章。正是对这类问题进行的反复澄清，让那些音乐理论研讨会那么有趣。

如果不是贝多芬 19 世纪的传记作家亚历山大·惠洛克·赛耶对弗朗茨·韦格勒的第一手记录置之不理的话，关于首演的争论根本不会产生。根据韦格勒的记载，贝多芬遭受了急性紧张腹痛的折磨，因此直到 3 月 27 日周五下午才写完他那部“全新的”协奏曲。最后的几张手稿几乎是一边写一边发给了四位誊写员。第二天排练时，人们发现钢琴被调成了半音，音太低了。“贝多芬一刻工夫也没担搁……就把他的部分用升C调弹出来了。”韦格勒写明了关于定音高的这件事。因此，当贝多芬面向公众重弹他的曲子时，就在那周日的下午，在维也纳的城堡剧院里用一架调对了音的钢琴，他和他的管弦乐队一起用了C大调——这正是他的“第一部”钢琴协奏曲的决定性主调。

关于这场演出没有评论存世，但是接下来的那天，他再次被邀请回去面对满场的观众即兴演奏。在3月31日那个周二，他在莫扎特遗孀康斯坦茨在场的情况下弹奏了莫扎特的一首协奏曲。除了没被命令在美泉宫演奏之外，贝多芬所获得的维也纳人的拥戴已经足够多了。

现在他准备出版正式的“第1号作品”，以足够优秀的品质抹去两年前小提琴变奏曲的回忆。但是究竟该选哪部来当这万分重要的首发作品呢？他觉得两部钢琴协奏曲都不够好，而且他更愿意让它们保持手稿形式的时间更长一些，以作为演奏的储备曲目。三重奏应该可以——自从海顿离开之后，他一直在努力地将它修改至完美状态——而且明显具有让三倍的观众保持兴趣的潜力。他似乎把自己交给了自己的幸运数字——三，在5月9日的《维也纳日报》上登出了广告，为这部三重奏征求订户，广告连发三天。最后一条通告之后的第三天，他跟维也纳顶级的音乐出版社阿塔利亚签下了一份出版合同。

这份出版合同，按照当时的标准，要求贝多芬分担他新作品面向私人订户的首印成本。这样的版本通常以高价限量发行，本身就应该带来利润。如果订户太少，或者版本的定价太低，出版商之后总可以再发行一个针对自由市场贩卖的更低价的版本。但是，失败的订购量也会给未来的减价销售带来不利。因此，第一版的定价就是一次很重要的赌博，要在作曲家的贪婪和利赫诺夫斯基那样的人对于拥有一件新创造的、准独家的、豪华定制的事物的渴望之间取得平衡。

贝多芬把未来掌握在了自己的手中，对购买每本1号作品的人收取一个达克特金币。由于每一份的成本是一弗罗林，他每一册就能赚到四弗罗林的净利润——这可真是可观的利润。但是在赚到钱之前，光是制印刷版的钱他就得给阿塔利亚二百一十二弗罗林。那样一笔投资（假定他已经还清了欠海顿的钱）会让他陷入严重的赤字。一封写给匈牙利使馆的兹梅什卡尔男爵的强作快活的信说明了这一情况："是的，最亲爱的伯爵，我最亲的朋友，时代不好……我们，我最高贵的大人，不得不谦逊地要向您借五古尔登银币，我们将在未来几天里赠还给您。"

他的赌博获得了成功。足有二百四十九名订户蜂拥而至前来购买。利赫诺夫斯基亲王一个人就买了二十册，而且印版的钱可能也是他付的。如果是这样，贝多芬就赚得了大大超过一千弗罗林的总利润——足够当他下一年的生活费了。

这组标为第1号作品的三重奏，题献给了利赫诺夫斯基，对于阿塔利亚出版社也是个巨大的成功，它将它们重印了三次，针对国内外的大众市场发行。贝多芬的事业就这样以这三部作品辉煌地起航了，它们至今都还散发着青春的美好香气。第一部和第二部分别是降E大调和G大调，以格言式的快板开篇，像是那种18世纪法国的聪明人爱玩的文字游戏比赛的音乐版本。钢琴、小提琴和大提琴不断地以完美的节奏呼应彼此的谜题。随后是旋律极美的慢乐章，以及激昂欢快的谐谑曲和终曲。最后一部是C小调，相比之下更庄严，结构也更缜密。它那初始主题半音化地悄悄溜进，还有一组紧凑的变奏曲组合，让人想起了莫扎特那伟大的同一调性的钢琴协奏曲（贝多芬曾经以罕见的谦逊这样评论“我们永远也不可能写出这样的曲子”）。

瓦尔德施泰因伯爵在告别词中的预言终于得以实现。不仅是莫扎特之魂，海顿之手的影响也随处可察觉：在谐谑曲（海顿发明的一种曲式）中，在动机弹奏法上，在轻松自如的对位法上。但这些三重奏中也搏动着独创的笔触——正如当今一位评论家所说的，是“一位天赋异禀的年轻人冲动蛮干的混乱爆发”。

海顿那年 8 月底从英格兰回来了。一件经常被说起的逸事是，他在利赫诺夫斯基的沙龙里听到了这三重奏，以高人一等的姿态说应该有人建议贝多芬“不要出版 C 小调的第三部分”。

当时一切都已经开始印刷了，这建议听起来就很多余了。这段逸事也肯定会提到，9 月或者 10 月，在利赫诺夫斯基家稍后的一场音乐会上，海顿再次成了贝多芬新作的评审。演奏的是《钢琴奏鸣曲，Op. 2》，当时也还没有出版。

贝多芬本人向海顿弹奏了这组新作。第三首奏鸣曲是 C 大调，其技巧的困难程度正可对应他早先的劝诫。海顿因此觉得受到了恭维。贝多芬把奏鸣曲题献给海顿，但是却让自己相信这个老头子其实是心里“嫉妒”。

到底谁嫉妒谁是有争议的。如果说海顿的第一次伦敦之行获得了成功，那他的第二次就是惊人的盛况，受到了大量金钱和荣誉的款待。在离开家的十八个月里，他写了五部交响曲、六部品质杰出的弦乐四重奏，而且国王乔治三世还恳求他永久地定居在不列颠。但是朝臣的本能让他还是回去了，等待新一任雇主尼古拉斯·艾什泰哈齐二世的命令。海顿很宽慰地发现，尼古拉斯对他的要求只是每年写一部在艾森施塔特唱的弥撒曲。他退居到了克鲁格大街里的新居，在随后两年半的时间里极少见到他以前的学生。

《钢琴奏鸣曲，Op. 2》的面世几乎有点反高潮的意味，因为此时正有源源不断的新作从贝多芬的笔下涌出。他写了五部弦乐三重奏，一部钢琴、黑管和小提琴的三重奏；一部弦乐五重奏和另一部钢琴和管乐的五重奏；一部弦乐六重奏，另一部为弦乐和两支圆号而作的六重奏，还有一部管乐六重奏；两部大提琴奏鸣曲，三部小提琴奏鸣曲以及七部钢琴奏鸣曲。还有些零散的歌曲和一首写给女高音的音乐会咏叹调。在更轻松的心境下，他也写了曼陀铃音乐，八组卖弄才华的变奏曲，还有一首不明所以的叫“附有两个助奏眼镜的二重奏”的曲子。

在这一阵灵感突发之中，人们会注意到这些喷涌而出的作品几乎全都是室内乐，他的自律尤为明显。甚至在这一类别中，他也有意忽略了弦乐四重奏。他想把这种最纯粹的音乐形式留着，直到他掌握了其他组合乐的写作艺术之后再说。

贝多芬作为钢琴演奏家的事业，通过1796年在波希米亚、萨克森和普鲁士五个月的巡演得到了迅速发展。“我将能赚到非常多的钱。”他在布拉格给最小的弟弟写信说道。尼古拉斯·约翰毫无悬念地追随卡尔·卡斯帕来到维也纳，成了一家药房的店员。“约翰”和“卡斯帕”——以他们更常用的名字来称呼的话——对贝多芬最近的成功很感兴趣。正如他天真的吹嘘所表明的，他在处理财务上并不是很可靠。他总是向跟他签合同的人狮子大开口，但这是因为事关尊严；一旦把达克特交到了他手里，他花钱很大方，而且还是个很慷慨的借债人。他快活地警告约翰“要留神坏恶妇组成的整个帮会”，还说：“我希望你的生活在幸福中成长，为此，我希望能有所贡献。”对双方来说，这封信充满了令人伤感的预兆。

他的普鲁士之旅在柏林歌唱学院的一次即兴弹奏中达到了高潮，成员们被他的演奏震惊了，围在他的钢琴边，哭了起来。他也在国王腓特烈·威廉二世面前演奏了两次，国王赏赐给他一只装满了金路易的黄金鼻烟盒。另一份黄金制的礼物来自萨克森选帝候大人，他还得到了不计其数的小费，此时他正享受着莫扎特少年时期的凯旋礼遇。

由于受到了贵族礼遇，又因商业上的成功而容光焕发，他开始散发出一种真正的名人气息。“对于第一次见到贝多芬又对他一无所知的人来说，”屈贝克·冯·库鲍尔男爵这样说道，“一定会把他当成一个凶恶、坏脾气又爱跟人吵架的酒鬼……另一方面，那些当他被名气和荣誉包围的时候第一次看到他的人，会从那张不好看的脸上的每个特点里看出他的音乐天分。”

7月底，他回到家，正好听到人们焦虑地谈论着一个名叫“波拿巴”的科西嘉人正在意大利羞辱奥地利军队。在更靠近国内的地方，查尔斯大公勉强抵御着莱茵的法国军队。其他联盟国的首都全都签订条约脱离了战线，威严的维也纳作为巴黎的对立一极隐隐若现，像是革命的终极战利品。回这样一座城市，是不会让人高兴的。

贝多芬夏天的日子也因弗朗茨·韦格勒所说的一种“危险”的疾病而进一步蒙上了阴影。这是由于他过度紧张的习惯造成的，当天热的时候，他总是站在敞开的窗户前半裸着上身。我们有理由相信他可能患了斑疹伤寒，这对他将来的健康可能造成灾难性的结果。然而，到 11 月末的时候，他身体又恢复到能如约在普雷斯堡举行一场音乐会了，在那里，他开玩笑说，那架钢琴对他来说好得有点过头了，“它剥夺了我制造自己的音符的自由”。

到冬天的时候，他恢复了室内乐作曲的产出。维也纳对这一类型音乐的需求永无止境。就连拿破仑在1797年春天入侵提洛尔，也不能阻止贝多芬第16号作品钢琴和管乐五重奏的首演。但是到4月17日，法国人已经太近了——距离维也纳只有六十英里——以至于出动了本城的护卫队。贝多芬为它迎风飘扬的战旗写了一首战歌。但第二天就宣告了停战，这对他在20世纪的名声来说是一件幸事，因为这首名叫“伟大的德意志民族”的歌曲很快就被遗忘了。约瑟夫·海顿之前写成的一首爱国歌曲，一首歌颂皇帝弗朗茨二世的赞美诗，却没有被忘记。很快全奥地利都知道了这首“皇帝颂”，它也流传至今，成了德国国歌。

海顿显然在出版了他的作品之后就开始了退休生活。人们通常认为“爸爸”如今都六十六岁了，肯定写不出什么了。但是贝多芬不这么认为。格奥尔格·阿尔布雷希茨贝格向他吐露了实情：“他脑子里装着一部宏大的清唱剧，他准备称之为‘创世纪’，并希望能尽快完成……我觉得它一定会非常好。”

1798年3月9日，这部新作在史瓦森堡宫迎来了首场私人演出，关于那方面的任何疑虑全都被打消了。没有关于贝多芬在场的记录，但是既然所有维也纳的音乐精英都到了，从凡·斯威特恩伯爵到其他种种人，那么他的出席可能被认为是理所当然的。《创世纪》对他造成了深远的影响。

用《格罗夫音乐和音乐家词典》的话来说：“可能没有别的音乐作品获得过这样及时而普遍的认可。”自从巴赫之后，还没有任何清唱剧能有它这么宏大的规模，在合唱方面则具有亨德尔式的力度，其旋律与和声语言又紧跟着时代。《创世纪》达到了古典主义盛期的顶峰。它开篇的乐队段落“混沌一片”，就以拉长的、空洞的齐奏开始，配以半音化飘浮着的管乐和弦，然后解决在一个黑暗的C

小调之中。（贝多芬以前是在哪里听过那样的声音呢？）

一名男低音唱道："太初，上帝创造天地。"合唱随即登场，轻唱着《创世记》中的话："神说：'要有光。'"最后一个辅音，在德语中是齿音特征尤其明显，引入了一阵死寂。（贝多芬以前又在哪里听过那样的效果？）音乐史上最伟大的一个时刻就要来临了。海顿正在指挥，依旧面无表情。歌声更加轻柔了，还是C小调，合唱队唱道："于是便有了——"接下来的"光"以最大音量爆发了出来，在最光明的C大调上，整支乐队在长号的巨响上奔腾起伏。（贝多芬在未来又会如何在那样的声音里获得狂喜！）

当我们思索创作之谜时——就此而言，是关于《创世纪》——要记住在西方音阶中总共只有十二个音。这些音与它们产生的和声的运用必然会导致共用的程式与巧合。要找出一位音乐家抄袭别人的作品的证据，就跟"证明"巴赫和亨德尔总在重复自己的作品一样容易。因此，如果有人说年老的海顿模仿了贝多芬八年前在波恩给他看过的那首康塔塔中的某些乐章，这种说法是很自以为是的。何况他们两人谁都不能说自己拥有C大调这个调。但是灵感的种子往往在奇特的地方扎根，通常总是过了很久才开出花朵，其间也没有人刻意去灌溉它。

比起《创世纪》的第一部分中声音与静默的运用，第三部分亚当和夏娃的抒情曲部分，可能对于贝多芬来说，比其他任何部分听起来都更加熟悉。再次，缓慢的旋律以轨道弧线行进，第二次合唱的和声轻柔地加入进来。虽然这一段音乐很优美，但听到这里，贝多芬可以说，这样的事他在十九岁时就做过了，而且比这好得多。

但是维也纳——善变、时髦、受惊的维也纳——对任何人的过去都不感兴趣。它只关心时下最新的名人，那显然就是"爸爸"

海顿的归来。这位老人证明了奥地利的文化有力量能够不经过激烈变化而面对新的世纪。也许只要在去年的停战协定的基础上谈成和平协约，那过去一个时代带来的革命威胁就可以被遏制，那么维也纳也将恢复它传统而贵气的凝滞状态。

宫廷气质和克制——这是古典主义盛期风格的孪生特质——是海顿音乐性格的一部分，正如狂野是贝多芬的一部分。幸好他没有被请去写一片混乱的音乐！堪称奇迹的是，海顿写的这部作品没有让那些戴着假发的脑袋受到任何折磨，其和声与形式没有任何杂乱。再仔细一点分析，这位老人只是把终止式一拖再拖，或者只是把和声解决一半，为了表达一种模糊的失序状态。但是他的转调是有逻辑形式可循的，他的整体设计还是奏鸣曲的形式。他骨子里还是属于 18 世纪的，不能想象任何“没有形式和虚空的”事物，除非他将其置入理性的框架之中。

对于这样一个人来说，对于这样的听众来说，即将到来的新世纪是无法想象的事物，如果不能避免的话，那就最好无视它。对充满了前浪漫主义渴望的贝多芬而言，它还不能来得太早了，但当它到来的时候，他将被立为海顿的合理继承人。虽然现在已经有二十三部作品出版上市，但是贝多芬更广为人知的身份还是钢琴演奏者，而不是作曲家。而且有警告表明，他最新的音乐作品令正统人士心生厌烦。音乐杂志《大众音乐报》指责他“转调怪异”，还有其他“乖张任性的行为”——举例论证了他“拒绝惯常的关联”。这些话最能表达保守分子对预料之外的事物的恐惧。

贝多芬知道他必须做到莫扎特做的事，必须把自己以世界天才的身份呈现在维也纳面前。他需要写出一首能成为客厅演奏热门曲目的曲子，然后是一部能获得古典风格认可的交响曲，接着是一部歌剧，能让人们遗忘海顿在音乐戏剧方面的微弱成绩。

追随着自己的雄心壮志，他取消了秋天去波兰的巡回演奏，然后成了一个自由职业的艺术家，不依附于贵族的恩惠。他放弃了利赫诺夫斯基亲王宫殿一般的房间，在圣彼得广场租了一间公寓，就在维也纳中心的格拉本大街附近。虽然住处要爬三层楼，但是它毕竟是个家，只要他那不安宁的灵魂愿意安居在那里。他减少了社交活动，把自己埋在创作之中。

虽然他开始变得像隐士，但他从不是避世的修士。他很欢迎别人前去拜访，特别是那些穿着高腰服装的年轻人。几十年后，当特蕾泽·布伦瑞克伯爵夫人回忆起与她的妹妹约瑟芬在“上个世纪的最后一年”，沿着这三层楼梯往上走，胳膊下夹着一本音乐作品。贝多芬“很友好”，还在特蕾泽为他唱歌时伴奏。

有一件事她觉得很奇怪，他的钢琴音不准。

第三章　普罗米修斯的生民

《大众音乐报》上的广告的确令人印象深刻。它舍弃了所有看起来正确的名字，只是把最重要的那个名字用斜体字强调了不下五次。

> 今天，1800年4月2日，星期三，*路德维希·凡·贝多芬*先生将荣幸地在皇家帝国宫廷剧院为大家献上一场大型个人音乐会，地点位于城堡剧院旁边。演奏的曲目包括以下几首：
>
> 已故的乐长莫扎特的一首宏大的交响曲；
>
> 高贵的乐长海顿先生《创世纪》中的一首咏叹调，由扎尔小姐演唱；
>
> 一首大型钢琴协奏曲，由*路德维希·凡·贝多芬*先生作曲并亲自演奏；
>
> 一首七重奏，以最谦卑忠诚的心献给皇后陛下，*路德维希·凡·贝多芬*先生作曲，包括四件弦乐器和三件管乐器，分别由舒潘齐格先生、施赖伯先生、申德莱克先生、巴尔先生、尼克尔先生、马陶舍克先生以及迪策尔先生演奏；

海顿的《创世纪》中的一首二重唱，由扎尔先生和扎尔小姐演唱；

*路德维希·凡·贝多芬*先生将进行即兴钢琴演奏；

一部新的大型交响曲，由整支管弦乐队演奏，*路德维希·凡·贝多芬*先生作曲。

除了没有戴上约翰·塞巴斯蒂安·巴赫的假发高傲地登上舞台，贝多芬所做的这些已经充分宣告他是德国音乐的未来主宰。他极其谨慎地规划了当晚的演出，以取悦那群人数众多、品位中等的听众。当然，结果非常成功。“这真的是长久以来最有趣的音乐会。”《大众音乐报》稍后如此报道。作为作曲家的贝多芬因他的“品位和感知力”获得称赞，而且作为钢琴演奏家的贝多芬也因其“高超”的演奏技艺得到了褒奖。

也许最好的消息还是他C大调的交响曲新作，第21号作品——一部打磨得如此优雅、结构如此适当、几乎可以当成嬉游曲来听的作品，因其“显著的艺术性和新颖度，以及丰富的思想”而广受青睐。另外，就算评论家说他的七重奏“管乐器使用得太多了”，也没能阻止它成为贝多芬到当时为止写出的最受欢迎的一部作品。它优雅、悦耳，以精巧的笔法编排的不平常的乐器组合（黑管、圆号、巴松管、小提琴、中提琴、大提琴和低音大提琴），证明了那个从前写“反常”音乐的家伙也能像任何一个沙龙表演家一样精通“华丽风格”。贝多芬后来很厌恶这部七重奏里的每一个甜美音符：“那些日子里，我还不知道怎么作曲。”

由于他演奏的那部钢琴协奏曲并没有被标榜为“新作”，那就不太可能是他的第三部，那部宏大、引人深思的C小调作品，他将花费好几年时间不断地修改它。可能性比较大的应该是稍早之前的降B调的第19号作品。“不是我最好的之一。”他承认说。但是它有易于传唱的旋律和让人容易记住的切分音，发挥了公关作用。

贝多芬终于在除巴黎和伦敦以外的欧洲音乐中心树立起了他作为广受欢迎的年轻作曲家的声望。他二十九岁，事业兴旺，还有一个仆人和一匹马[①]，钱不断从出版商、演出经理和钢琴学生手里滚滚而来。他从他的“学院”——当时奥地利对作曲家受益的音乐会的称呼——获得的票房分成肯定非常可观。而且利赫诺夫斯基亲王也正好开始给他六百弗罗林的年金。

这意味着贝多芬有钱可以在环绕着维也纳的那些布满了葡萄树的山上租间夏日小屋。到7月的时候，他住到了维也纳北边的温特都柏林，距离维也纳大约徒步一个小时的路程。那里的美景还包括一个对干草棚里的很多事情都精通的漂亮的农夫之女。贝多芬看她的眼神是那么炽烈，逗得她咯咯直笑。他对自己日益加深的怪异气息毫不自觉：一头狂乱的黑发，满是墨渍的双手，还有回应脑袋里音乐时的哼唱和低吟。（画家奥古斯特·冯·克勒贝尔在某个这样的情景中深深被他的这种“倾听”态度所触动。）他像是有强迫症似的，要在每一个想法消失之前把它们记下来。他会对着树干乱写乱涂，在路边写写画画，吃饭时、刮胡子时也要停下来写，要么写在一把稿纸上，要么写在他随身塞在外衣口袋里的那本沉沉的大笔记本上面。遇到紧急情况时，任何墙面和百叶窗也能用来写。

在温特都柏林，他开始了一种余生都将遵守的惯例：春天、夏天和初秋，他会在树林或葡萄酒小村里进行“音乐速写”，冬天回到

① 这匹马很快就被贝多芬忘记，成了他仆人的私人收益。——原注

城里把这些草稿转变成尽善尽美的作品。万物生长的季节因而也与他头脑里的创造力紧密相关，叶落的时节则与眷写、试演、排练、举办音乐会和签合同相关。一年到头，他破晓时分就起来，吃早餐，煮一杯最浓的咖啡（每杯都是仔细数出来的六十粒咖啡豆磨成的），然后就在他的“钢琴桌”边工作到中午，这个工作台能让他边写边弹。由于他是右撇子，他通常用左手来寻找和弦与华彩音型。这个习惯似乎也带来了另一种联系，在乐声——准确地说就是从一只手发出的——和另一只手的技艺之间的联系。朋友们注意到他的钢琴即兴演奏通常是从左手的F大调华彩经过句开始，仿佛他正从那只手臂里导出音乐一样。

如果说“两极”这个词能脱离它在另一个术语泛滥时代的联想意味，从某种意义上来说，它用在贝多芬身上似乎完全合适。从身体上、精神上、音乐上、社交上，他就像达·芬奇画中被圆形圈起来的人一样，站在相反的力量场当中。他抵挡这两股力量的过程，同时也是获得它们的过程，赋予了他属于他的活力。在他此时开始的整个成熟的事业阶段中，他都在力求平衡——常常不安定，但是总能成功——在想法的激流与学识的束缚之间，在极度活跃的创作力与疾病之间，在爱好热闹与愤世嫉俗之间，在道德与虚假之间，在幽默与抑郁之间，以及其他因性格或命运带来的极端之间。他的音乐本身,从那没有被听见的自我宣言——《约瑟夫二世康塔塔》开始，都包含了相对两极的碰撞。不管是在一整部交响曲中大调与小调的碰撞，还是在单个乐章里阴阳两性间粗犷与诱惑的碰撞，还是在他最细微的乐旨中的结构分层，像树木横截面的木质部与韧皮部的差别一样明显，全都存在着张力，每一个都得解决。

1800年的夏天，他在跟一些只因其难度而存在的作品斗争。其中一部是 C 小调钢琴协奏曲，只是表面上看是以他最喜欢的莫扎特的协奏曲《K. 491》为榜样写的，两者调性相同。对莫扎特而言，“协奏曲”（concerto）这个词是从意大利语的“*concertare*”演变而来的，意为“合作”。对贝多芬来说，它的语义要追溯到拉丁语的“*concerto*”，意为“我抗争”，或是西塞罗的“我反对”。莫扎特并没有花费心思在第一乐章写华彩乐段，给了独奏者一个即兴的暂停，然后用弱奏的琴音收尾，与乐队轻轻应和。贝多芬写了一段巨大的华彩乐段，它神秘地蒸发成了一个微弱的减七和弦——这是音乐中最含糊的和弦——飘在轻声的、迫近的鼓点之上。他自己的琴音，当它们来到的时候却还不如远处的声音那么一致，似乎完全想象不到独奏者和全乐队的“联合”。然后一段渐强音将它们一起淹没了，但是它们还在争夺主权，直到最后响亮的齐奏。

莫扎特，从更大的程度来说，还有海顿，也影响着他那年秋天之前的主要任务：为洛布科维茨亲王完成一组六首的弦乐四重奏。贝多芬已经在过去两年多的时间里为它们而挣扎痛苦了，也意识到这位行家可不会被他音乐会的成功所糊弄。

洛布科维茨明白弦乐四重奏的写作是所有音乐规则中要求最严格的。他给过海顿相似的委托，但是这位老人不够强大，只写了两部。然而，它们都是杰出的作品。除了它们，还有三十年来创作的近七十部四重奏，其卓越程度只有莫扎特在 1785 年写的著名组曲可与之媲美——这组作品还是献给海顿的。

维也纳的贵族阶级常常因其在歌剧娱乐方面的轻浮而遭人嘲笑，但他们在室内乐方面可就严肃得多了。在小型合奏的场地存在着一种类似身在教堂的敬畏的氛围，比如周五的日场演奏系列，由利赫诺夫斯基亲王和拉祖莫夫斯基伯爵共同主办，其首要的演奏曲目就是弦乐四重奏。在过去的四分之一个世纪里，包括莫扎特和海顿在内的许多作曲家已经将这种音乐形式变成一种当地特色。

因此，贝多芬继承四重奏的时候正是它在古典主义盛期发展的巅峰时期。鉴于室内乐爱好者们的教养，他觉得没必要像在《第一交响曲》中那样束缚自己的独创力。然而，为四位平等的弦乐演奏者写曲子对他来说也是新的挑战。这既要求音乐性，也要求戏剧性。任何一个二流资质的剧作家，任何年轻的作曲家，都可能编造一出一个明星和一组配角的特写戏。但是要完美实现一组四方会谈，则需要一生的戏剧经验，因它要从独白跨越到对话，通过争论、有礼貌的插入和巧辩以达到最终的一致，还不能让任何演奏者感觉他被人抢戏了。"爸爸"在贝多芬出生之前就开始积累这种经验了。

所有这些都解释了为什么后者近乎着魔地谱写与重写，最终才在10月中旬将他的第18号作品《六首弦乐四重奏》交给他要题赠的人。约瑟夫 · 弗朗茨 · 冯 · 洛布科维茨差不多二十八岁了，脚有点畸形，内向，拥有惊人的财富，挥霍起来也很惊人，作为贝多芬最慷慨的恩主，他是利赫诺夫斯基的对手。对他而言，弄到这组四重奏是一个妙计，因为利赫诺夫斯基肯定非常想要这份荣耀。

洛布科维茨是最早准备好四百弗罗林现钱的，而贝多芬——在他疯狂作曲家的举止背后是永无止境的雄心——想让这位年轻的亲王成为最好的朋友。洛布科维茨是那些还能供养起完整的管弦乐队的最后的维也纳贵族之一。如果这部四重奏能让他满意，未来还可以靠着他获得报酬更为丰厚的委托。他是一位优秀的小提琴手和歌唱家，比起急性子的利赫诺夫斯基，他与贝多芬也更意气相投。

这两位亲王似乎都没意识到，当他们继续在自己的音乐博物馆、音乐会和作曲家身上大量投资的时候，那种依靠品味高雅之士慷慨恩赐的时代已经快到末日了。在巴黎和伦敦，那些革命时代以前的涂脂抹粉的保护人已经让位于新富起来的实业家，而比起极尽炫耀的媚俗之物，他们对文化明显缺少兴趣。奥地利（在《卡波福米奥合约》的失败之后，又一次在与法国的战争中遭受重创）明显要让出它在意大利的领地，由此也失去了该地的收入。新的世纪现在看起来将会面临经济苦难和不祥的社会动荡，这对于维也纳最有地位的贵族之家来说都不是好兆头。

或是对历史的事后聪明让我们能做这样的猜想。世纪之交还有三个星期就到了，这时约瑟芬 · 布伦瑞克，一位曾在去年春天站在贝多芬音不准的钢琴边的匈牙利女子，给她的姐姐写了一封信，每一页都充满了简 · 奥斯汀书中人物对重大事件的天真无知。读着这封信，人们不会想到奥地利刚在霍恩林登战役中遭遇惨败，还有成千上万的奥地利士兵身负革命的子弹，被马车运进了维也纳。约瑟芬如今已经嫁给了约瑟夫 · 戴姆伯爵，住在一幢有八十个房间的府邸之中。她写给特蕾泽的信，日期是 1800 年 12 月 10 日，它像有点模糊的不合情景的东西粘到了一本洛可可剪贴簿上面。但它之所以有引用的价值，是因为它提到了贝多芬的第 18 号作品目前所知的第一次演出：

> 我们演奏音乐是为了向大公夫人致敬……我们的房间是如此华丽，你一定会为之着迷。所有的门都开着，灯火通明，每样东西都照得清清楚楚。我向你保证这里的景观非常壮丽！贝多芬演奏了有大提琴的奏鸣曲，我和舒潘齐格一起演奏了最后三首奏鸣曲［钢琴和小提琴奏鸣曲，Op. 12］……他和其他的每个人，都演奏得无比精彩。接下来，真是天使一般的贝多芬让我们听了他新的尚未出版

> 的四重奏，它真是这种音乐里最杰出的作品。著名的克拉夫特演奏了大提琴部分，舒潘齐格是首席小提琴手。想象一下这该是多么令人欢欣吧！

唉，想象，也只有它能再度唤起那个许久以前的夜晚了，熊熊燃烧的蜡烛照亮了这庞大府邸的每间大厅，新音乐的声音在房间与房间之间毫无阻碍地飘荡。现在去听贝多芬的第 18 号四重奏，你会听到比古典主义盛期风格中优美的旋律、清晰透明的对位法和主题素材的经济更多一点的东西。但是这些如今对我们来说很微小的“更多一点的东西”——持续的重复、被推迟的解决、偏离中心调的转调——对于约瑟芬信中提到的那些年轻人来说，都是带有变革性质的重大事物。

老一代的听众可没这么兴奋。至少对海顿而言，大的只有贝多芬的自负罢了。“我们的大人物还好吗？”他会对两人都认识的人这么说，明显对以前的学生不再向他献殷勤而感到气恼。但是两位作曲家还是在新年时友好地一起出席为战争中受伤的维也纳士兵举行的义演音乐会。海顿指挥了他的两部交响乐，贝多芬则与圆号手一起演奏了自己的《钢琴与圆号奏鸣曲，Op. 17》。

这是一个庄严的场合，《吕内维尔合约》即将签订。奥地利在霍恩林登的耻辱随着西莱茵兰和意大利领土的丧失而加深了，而且再也不能指望把不列颠和俄国作为共同抵抗拿破仑·波拿巴的盟友了。

贝多芬也感受着人们对这位从根本上代表资产阶级的小个子男人获得至高权力的普遍恐慌。作为法国第一执政官，拿破仑现在在德国人的想象里以神一样高大的形象赫然耸立——对某些人来说是一种激励，对另一些人则是威胁。贝多芬在这两种态度间摇摆不定，但是因为神话比意识形态更能影响他，他更倾向于对这位男子近乎超人的能力发出惊叹。这种欣赏中还包含了一种自我身份认同。拿破仑只比他大一岁，也是外省的穷孩子，是权力中心的外来者，奋斗并重写规则为自己创造有利条件是他的本性——拿破仑在社会上如此，贝多芬则是在音乐里。他们共有一种本质上属于18世纪的对理性的信仰，并将大众意志等同于粗野。

当然，最重大的差别还是在1801年的时候，只有一个人知道另一个人的存在。贝多芬试图适应这种不平等："这真是个耻辱，我对战争的了解不如音乐艺术。不然的话，我一定会征服他。"

相反，在这段时期里，是他本人被征服了——甚至可以说被侵入——他被一个拿破仑式的音乐主题征服了，它的力量足以夺走他眼前的一切注意力。起初它听起来微不足道，不过是叮叮咚咚的小曲子，所以他就将其作为一组晚会乐曲出版了，给维也纳的年轻人伴舞。他无疑指望自己会把它给忘掉。但是当他接到委托为宫里的春季音乐季中一部名为"普罗米修斯的生民"的芭蕾剧谱曲之后，它节奏中的一种活力一直印刻在他脑海中。

不管编舞的萨尔瓦托雷·维加诺是不是有意将拿破仑等同于普罗米修斯，他承认他的芭蕾剧的情节是"英雄式的"和"寓言式的"。它再现了那位带来火种、能把黏土变成肉身的神明的故事。他突然降临在这对男女雕塑中间，发现他们还处于——用维加诺的话来说——"蒙昧"状态，没有知觉和思考的能力。他用自己的火把温暖了他们，让他们获得生命，然后"用科学和艺术教化他们，还将道德传授给他们"。

没有比这个更能让贝多芬感兴趣的剧本了。他谱写了配乐——一部序曲，十六幕戏的配乐，还有一部终曲——速度十分之快，抗拒了任何将它拖长、写成交响曲式发展的冲动。但是当他写到最后一段，就是普罗米修斯、潘神和一群农牧之神聚在一起欢快地庆祝的时候，他发现他的对舞在重写成整个管弦乐队的演奏曲之后，才算是奏响了凯旋的音符。

《普罗米修斯的生民》红极一时，在帝国宫廷剧院演了二十七次。贝多芬音乐事业的前进已经势不可挡。他的七重奏、钢琴协奏曲和《第一交响曲》在全德国都受到了热烈欢迎，而且七重奏在伦敦也取得了成功——这是他第一次尝到海外成名的滋味。他有十部钢琴奏鸣曲已出版在售，更多的作品已经写完，另外还有十几部室内乐作品已经出版或即将出版。佣金到手的速度之快让他几乎没有时间处理。他吹嘘自己可以把任何新作重复卖给六家或七家出版社——“我这么要求，他们这么给钱。”他现在在赛勒施塔特有了新房子，能越过堡垒的西边看到美丽的风景。而且在他的生活中终于有了一位像是爱上了他的女子：十六岁的意大利女伯爵朱列塔·圭恰迪。看上去贝多芬一定陶醉在初次抵达成功高峰的喜悦当中，那时这个年纪还轻的人意识到——不去考虑未知的灾祸——他注定将一步步踏入更高的境界。

可是，就在1801年6月29日，他给又回到波恩生活的弗朗茨·韦格勒写了一封令人震惊的信：

> 在过去的三年中，我的听觉越来越不济了。似乎是我腹部的问题导致了这一麻烦……我一直饱受腹泻的折磨，由此一直遭受着严重的体虚带来的痛苦。弗兰克[①]试着用补药增强我的体质，并用杏仁油调理我的耳朵，但是……

---

① 约翰·弗兰克医生，维也纳综合医院的院长。——原注

我的耳聋问题还是恶化了，腹部的病痛也还是跟以前一样。这就是到去年秋天为止我的状况，有时候，我真的被绝望征服了……

去年冬天我实在过得太悲惨了，有好几次要命的腹绞痛……而我忍到大约四个星期前才去看威林[①]。还好，他几乎完全控制住了这次凶猛的腹泻。他给我的疗法是在多瑙河进行温水浴，我总是会加上一瓶有强健功效的药物……还有治疗胃部的药片和灌进耳朵里的药水。从结果来看，我可以说，我感觉身体好了很多；但是我的耳朵里还是日夜嗡嗡作响。

在所有的传记中，很少有像贝多芬这样悲伤到令人感到荒谬的角色，他因腹部的绞痛而痉挛，在加了料的河水里面沐浴，试图用杏仁油把头脑里的噪音淹没。

在信的其他部分里，他把健康描述成一个“嫉妒心强的恶魔”，总是不给他足够的安宁。韦格勒不用提醒就能想起贝多芬《第一钢琴协奏曲》首演前的那次急性腹痛，还有1796年那次差点要了他的命的神秘病症。对于一个以音乐为生的人来说，耳聋无疑是最残酷的灾祸：

我必须承认我的生活真是太悲惨了。我差不多有两年没有出席盛大的社交活动，因为我发现我不可能跟人说“我耳朵聋了”。如果我从事的是其他的职业，我也许还能应

① 杰勒德·冯·威林，维也纳著名的内科医师。——原注

> 付我的残疾；但是对我的职业来说，它真是极为恶劣的缺陷……我告诉你吧，在剧院的时候，我必须让自己离管弦乐队非常近，这样才能听明白演员说的什么，而且在远处我根本无法听到高音的器乐和人声。至于说话的声音，我很奇怪有些人为什么没发现我的耳聋症状；但是鉴于我总是时不时陷入走神的状态，他们就把我的听觉困难归结于这个原因了吧。有时候我也听不到人轻声说话的声音；我能听到声音，但是听不出说的是哪个词。但是如果有谁大声喊起来，我就完全受不了。

韦格勒受过医学训练，因此能保持一定程度的超然读懂这令人悲痛的信息（神经听觉性耳鸣的症状）。然而，人们不禁会好奇当贝多芬转换语气，开始以近乎愉悦的口气吹嘘自己多么忙碌的时候，他会作何反应。

创造力旺盛的头脑区别于普通人的一大特点就是他们在接受命运的逆转时不受情感伤害——实际上，他们会将其当成某种丰富而奇特的事物进行处理。一般人对坏消息的第一反应是一阵暂时的震颤，头一次能看清这个破碎的世界，就像是刚看到闪电来袭。但是随后涌来的就是黑暗和混乱。贝多芬这样的人便会保持被点亮的状态，或是在黑暗中看到事物从前看不见的形状，这只会激励他，而不会吓倒他。这“另一种状态”（他会说是“狂想”），赋予艺术以形体，并制约着各种力量间的平衡——“知识与直觉、意识与潜意识、心理健康与心理障碍、传统与反传统、繁复与简约间的二元对立”[①]。

① 引自创造力专家弗兰克·巴伦。——原注

因此，当贝多芬两天后向另一位密友卡尔·阿门达坦白自己的耳聋问题时，他借用了自己新芭蕾剧中的语言和象征："你的贝正过着不幸的生活，正与本性和它的造物主争吵……诅咒后者让他的生民听从绝对的偶然的摆布。"尽管噩运缠身，他仍然在想着普罗米修斯，但他是在想着未来而不是过去，因为这位神明名字的词源学意义鼓励他这么做：迎向他灵魂里天赋所能达到的新成就。

他跟带来创造之火的神还没完，与手持革命火炬的拿破仑也同样没有。纵使有《普罗米修斯的生民》获得的成功，他仍然觉得他还没有把那个澎湃的主题发挥到极致。

"那个，我昨天听了你的芭蕾剧，"海顿在他们碰面的时候这样说，"我很享受！"

"噢，亲爱的爸爸，您真好心，但是它还远远不是一部《创世纪》那样的作品！"

海顿不确定该如何接话。他停顿了一会儿，说道："嗯，确实如此。"然后就走开了。

贝多芬在海岑多夫度过了1801年的夏季，那是美泉宫另一边的一个小村庄。他即将出版的《第一交响曲》似乎激励着他开始写D大调的第二部，一部规模更大、风格上不那么谨慎的作品。这部作品写起来进展很慢，因为他同时还在写一部弦乐五重奏、两部小提琴奏鸣曲、不下四部钢琴奏鸣曲，其中一部跟以前的任何音乐作品都将完全不一样。

它没有以已经成了古典音乐老套的开场"名片"的主调和第一主题宣示开篇，而是从几乎听不见的寂静里浮现，好似贝多芬在测探他那曾经异于常人的敏锐听觉的极限。他用意大利语指示说要一直踩钢琴的两个踏板，好让乐声的响度变得稀薄，回响声被延长（"全乐章都应踩延音踏板”[①]）。轻声波动的升 C 小调一声接一声地涌来，它们的泛音相互混合、消融。远远在它们之下，空八度音以极慢的速度推进，而那起伏的乐声几乎没有改变力度。这样带来的效果是一池几乎没有任何波动的和声之水：月亮升起前的黑暗水面。当一个主题旋律终于在它们之上出现的时候（仍然演奏得非常轻），起初它更像是一个单音调，而不是旋律。升 G 的音符轻柔而反复地回响。时不时，小九和弦——音乐中最能唤起痛苦的不和谐弦音——在平静的水面激起一丝涟漪，随即又被涌起的波浪抚平。这段具有催眠效果的乐曲持续了六分多钟，在动与静之间平衡着，中心是一段音量不增却达到高潮的乐曲，这简直就是悖论：乐声好像只是蒸发成一阵螺旋上升的烟雾，还没凝结就落了下来。

这是肖邦的音乐——具体来说，是他同一调性的小夜曲，一直到小九和弦为止，但它却在肖邦出生的十年前就诞生了。在纯粹的色彩层和分隔明显的音域方面，它甚至是一百年之后才出现的德彪西的音乐。但是贝多芬这首《幻想曲一般的奏鸣曲，Op. 27 ，No. 2》（很快就得到了“月光”这个昵称）的第一乐章最为特别的地方在于，它是由常规的奏鸣曲形式浇铸而成的。我们现在不能，也从来不能把他称作一名浪漫主义者；他的幻想总是“近似的幻想”，他的结构总是理性的。

如果说第一乐章对听觉范围内最为柔和的声音的微妙差别进行的探索，可以当作一个耳聋之人试图牢牢抓住纯粹声音的感官享受，那么接下来在一段舞蹈配乐般的插曲之后的终曲同样激烈：它以老虎

① 这是贝多芬在乐曲开头写的提示。意大利原文为：*Si deve suonare tutto questo pezzo delicatissimamente e senza sordina*。

般的力量从低一些的音域一跃而起。又一次，人们从没听过像它这样的乐曲。贝多芬预告了肖邦，从纯粹的悦耳之音变幻到狂野的暴力。

“我要扼住命运的咽喉，”他在另一封给韦格勒的信里写道，“它绝对不能使我完全屈服，无法将我彻底击垮。”

研究贝多芬的学者无休止地争论着他著名的“三个阶段”的创作风格（这还是当他们没提出四个或五个阶段的时候）。第一阶段最经常被归类为“古典主义”，中间的阶段是“英雄主义”，第三阶段是“崇高主义”。这些限制形容词忽视了贝多芬能在十九岁时写出英雄主义的纪念康塔塔，还有在他晚期写出《弦乐四重奏，Op. 130》第四乐章这样华丽风格的舞曲。它们也不能适用于一部独特如《月光奏鸣曲》这样的作品——“是一部那种类别的诗歌，”埃克托·柏辽兹①这样评价，“人类的语言还不知道该如何去描述。”

然而，总体来说，贝多芬三十多岁写出的音乐与他二十多岁时写的还是很不一样的，而且在他晚年的形而上的音乐中还会再次改变风格。也许需要辩论的只是硬性划分阶段的观念。贝多芬的创作时期就像是马克·罗斯科②的“色域”，它们有完美的区分，但又有模糊的联系。更仔细地来看，那看起来像是分割界限的其实是过渡阶段。一位画家的画风会随着他画不同的作品而产生变化。贝多芬在1802年春天致力完成的大多数作品——特别是欢快的《第二交响曲》——就有这种分裂的特质。它们有时像要往某个方向飞，有时又像是另一个方向。

---

① 埃克托·路易·柏辽兹（1803—1869），法国浪漫派作曲家，以《幻想交响曲》闻名。

② 马克·罗斯科（1903—1970），美国油画画家，生于沙俄时代的拉脱维亚。他的作品和画风被认为是抽象表现主义的典范。

同样分裂的还有贝多芬的听力，这也导致了他情绪的分裂。“我不会为这些猪演奏！”他在冯·布朗伯爵巴登夏宫的独奏会上这样喊道，因为一对情侣在隔壁房间的门口说话。贝多芬正经历着一段长时间的健康危机，他也不确定这日复一日的折磨能不能通过药物、创作或是婚姻来得到解决。威林医生对耳聋的治疗扩展到使用一种置于上臂的金鸡纳“发泡药”。这些令人痛苦的植入物得在植入部位搁好些天，“直到金鸡纳产生效果”，这让他无法在钢琴桌上工作。

“人们说电疗法有神奇效果。”他在给韦格勒的信中绝望地写道，“你怎么看？”至少水疗法和草药治疗似乎已经对他的肠胃不适起了作用。“我现在过得舒服些了，因为我更多地与人交往。你一定不会相信我过去两年的生活有多么孤独而悲惨。”

显然，他已经开始掌握耳聋者伪装自己听到了别人讲话的艺术。事实上，他的听力仍然足够蒙混过关：临床上的“完全”失聪是许多年之后的事。而维也纳消息灵通的人却慢慢知道了他生病的事情。特蕾泽·布伦瑞克明白了钢琴为什么音不准，海顿明白了他为什么不来拜访，利赫诺夫斯基和洛布科维茨明白了他为什么害怕大型的招待会，而卡尔·车尔尼——他年龄最小的学生——则明白了为什么贝多芬先生有时候会在耳朵里放蘸了黄色药水的棉耳塞。

贝多芬向韦格勒承认他的孤独因另一位学生的到来而得到了极大的缓解，“一位可爱迷人的女孩，她爱我，我也爱她”。这无疑就是女伯爵朱列塔·圭恰迪。他把《月光奏鸣曲》献给了她，并且在玩味求婚的念头。“不幸的是，她跟我不是一个阶级的。”自我贬低从来不是贝多芬的风格，我们只能猜测他是在寻找一个被拒绝的理由。终其一生，他都被那些出身良好、爱好音乐，但却无法与他结合的女性所吸引。

朱列塔有贵族血脉，但贝多芬觉得自己也是贵族——如果他名字里的“凡”能代表什么的话。她现在还没有跟谁订婚。但是却有另一位年轻的作曲家很爱她：文策尔·加仑贝格伯爵。贝多芬以一种近乎滑稽的恶作剧心理鼓励他们恋爱，甚至还借给加仑贝格一笔钱，好让他更有财力成为她的恋人。当朱列塔最终把她自己和头衔加到这笔交易中后，他沉溺在一种感伤的自我炫耀当中：“她非常爱我，远远胜过对她丈夫的爱。”

韦格勒已经与埃莱奥诺雷·冯·布罗伊宁结婚了，他担心贝多芬会再次绝望，请求贝多芬回到波恩，回到从前亲如一家的亲人中间。贝多芬无礼地回复说：“别自以为我在波恩跟你们生活就会快乐。毕竟，那里有什么能让我轻松呢？”只有在维也纳，他才能实现他的艺术抱负。“每一天，我都在接近一种天命，我能感觉到它，但是无法描述。”

他也不缺来自莱茵兰的朋友。除了他的两个弟弟（卡斯帕如今已接手处理他的部分事务），还有两个波恩老乡每天都来看他。一个是斯特凡·冯·布罗伊宁，如今二十七岁，是条顿骑士团里的一名长官，这个神职团体曾经由马克斯·弗朗茨领导。另一个是费迪南德·里斯，一个相貌英俊、才华横溢又有能力的十七岁少年，专程从南部来找贝多芬学钢琴。

4 月的时候，贝多芬在海利根施塔特租了一间农舍[①]，海利根施塔特是维也纳西北方山上一个海拔颇高又很幽静的温泉疗养地。他的耳科医生推荐这个地方，一方面是由于这里很安静，另一方面是因为这里的矿物温泉。医生认为，远离城市喧嚣将有益于他的健康。

---

① 这所农舍现在是一间博物馆，位于维也纳第 19 区普罗布斯街 6 号。——原注

里斯经常去那里，他发现贝多芬情绪暴躁而且不愿意教他练习。“早餐之后他会说：‘我们先出去散步吧。’然后我们就出门了，经常要到下午三四点才回来，中午就在村子里吃点什么。”有一天，这个男孩听到“一个牧羊人在树林里吹笛子，那笛子是用接骨木树枝做成的，乐声很美”。里斯不假思索地请他的老师也听听这远处传来的笛声。他们循声走去，贝多芬一直努力地用耳朵搜寻着音乐，半个小时之后还是什么都没听见——对此，里斯回忆道：“他变得极为沉默而忧郁。”

“想自杀”可能是个更准确的说法。在那个夏天余下的时间里，贝多芬与黑暗的命运斗争，他意识到他的耳聋正在恶化，而且可能治不好了。秋天的时候他还在海利根施塔特。树林已经变得萧瑟，正与他的心境相符。在10月初，他拿出两张大大的法律文书纸摆在面前，写了封信给他的弟弟们，还加上一句“在我死后才能读，并按此执行”。然后他在题头写上了“海格勒恩施塔特[1] [他从来没把这个词写对]，1802年10月6日”。

于是就有了下面这一封长长的信函，它在音乐史上留下了最令人心酸的一笔。他终生都藏着它，没让人看过。它其实主要是他与自己的沟通：意志告诉理性为什么不能自杀。

写给我的弟弟们……

噢，你们这些以为或在背后说我恶毒、固执和厌世的人啊，你们误会我太深了。你们不知道我这样表现背后的隐秘缘由……六年了，我一直绝望地受到疾病的折磨，无

① 海利根施塔特的德语原文是“Heiligenstadt”，贝多芬在这里写成了“Heiglnstadt”。

> 知的医生也加重了我的病情，年复一年，我都被他们欺骗，觉得自己可以康复，但现在终于被迫面对现实，我的病好不了了（这病可能要许多年之后才有疗法，或者也许根本就治不好了）。虽然我生来就是火爆脾气，也喜欢社会上的各种娱乐活动，但很快，我就必须要离群索居，一个人生活了……我没办法对别人说："说话大声点儿，喊出来，因为我是个聋子。"啊，我怎么可能去承认这在我身上应比在别人身上更加完美的感官有缺陷呢，这种感官能力曾在我身上达到了最完美的境界……对我来说，将不能再与同行放松地在一起，不能与他们进行高雅的讨论，不能与他们交流观点。我必须像个被流放的人一样，独自生活……如果我靠近他人，就会有一种炽烈的恐惧感攫住我，我害怕我的病情会暴露、被他们知晓。待在乡下的过去六个月，我一直都是如此……对我来说，站在我旁边的人听到了远处的笛声，而我什么都听不到，或是有人听到了牧羊人在唱歌，我又什么都没听到，这是何等的耻辱啊！类似的事件把我逼入了绝境，如果再多一点，我可能就得结束自己的生命了——是我的艺术没让我这么做。啊，对我来说，在把我内心体会到的一切都表现出来之前，我是离不开这个世界的。

贝多芬越写越令人落泪，后面关于忍耐女神和命运三女神的祈祷简直就像是从歌德的《少年维特的烦恼》里面直接引来的。他也提到了窗外逐渐凋零的树叶，"我的希望就像它们一样已经枯萎了"。他要求他的弟弟们在他死后"把这份手写的文件"与一张证明他耳聋的医学诊断书“附在一起”，“这样…… 在我死后，世人就能原谅我了”。他立他们两人为他的继承人，还请他们帮他保存利赫诺夫斯基赠他的一套四件套的上等乐器。

这些坦白让他逐渐振奋起来，就像一年前他对韦格勒坦白之后起到的效果一样。他在结尾处表示希望死亡能晚点再来，不要那么着急 —— 至少不要“在我将所有的艺术天赋都发掘出来之前”。

这份《海利根施塔特遗嘱》是贝多芬传记的基本文字来源。从此以后，除了十年后的一次特别状况，他再也没有如此敞开而感人地表达自己的情感。而且这两份坦白文书其实都被藏了起来，他把它们放在自己的桌子抽屉里留给后世。通过书写和隐藏，他接受了孤独，认为它是一位艺术家生活的前提。

牧羊人笛声一事，以及它所隐含的泛神论意义，对他来说似乎比任何其他东西更能象征灵感那容易飞逝的本质。约翰 · 济慈后来写的一些诗歌，同样指涉古希腊，表达出了贝多芬寻到的慰藉，那些不能被他耳朵听到的东西，却能轻易地被他的心灵捕捉到：“听见的旋律诚然美矣，而那未听见的则更是甜美。”

有间接的证据表明，追溯到他写遗嘱的那段时间，就在他与里斯散步不久之后的 1802 年的 6 月或 7 月里，贝多芬开始以这种“未听见的”旋律创作一些钢琴变奏曲。还有许多更世俗的鼓励也联合起来激发了他的灵感：海顿对《普罗米修斯的生民》的赞誉，拿破仑的帝国休战，莱茵兰地区的教会领地世俗化，还有一位富有的女士天真地建议他写一首奏鸣曲以庆祝法国革命的胜利。

产生的结果，乍一看根本算不上音乐。四个低沉而缓慢的音调在键盘中部响起：降 E，上面的降 B，下面的降 B，然后又是降 E。没有比这更老一套的序列了，但起码它们还算齐整。接着又有两个降 E 以同样的速度加入，但这次贝多芬在它们之间加了一个 D，确定降 E 为主音，又以三个阶梯式的下行，回到了下面的降 B，确定它为属音。

接下来是一段令人疑惑的四拍无声，然后突然被一声响亮的降 B 上的砰砰声打断。然后，另一段无声结束在轻柔而迟疑的同样的音高上，似乎贝多芬在犹豫接下来该怎么发展。他有一小会儿停在 G 上，明显失去了兴趣，然后以一段快速的终止式结束在降 E 上。

要以这样一团奇怪的音符为变奏曲的基础，看起来似乎是白费力气，无异于装饰绞刑架。但是随着贝多芬一遍又一遍地重复这一段序列，不断地加上优雅的修饰，结果证明它只是还没开始演奏的主旋律的脚印而已。更准确地说，主旋律是在别处演奏的 —— 而且还是以完美的脚步！—— 但是还没进入到人的听觉范围。第一变奏曲到第三变奏曲的和声都很甜美，但是当旋律最终在第四变奏曲中出现的时候，则更加甜美：丝毫不逊色于贝多芬给普罗米修斯写的曲调 —— 那段为他的芭蕾剧赢得异教徒般的胜利的舞曲。

十五段变奏曲，加上一首大型赋格，他写了这么多才总算穷尽了它在钢琴艺术方面的潜力。他还计划用它做更大的事。“我只活在我的音符里，一首曲子还没写完，另一首就已经开始了。”

第四章　冰冷的囚牢

贝多芬的《普罗米修斯变奏曲》——他自己给最新的作品取了这个名字——赋予了钢琴比以往的其他作品都多得多的声音。但是一台只有六十个琴键的乐器根本就不足以表现那些在他心灵里越来越宏大的音乐，每当他想到法国的第一执政官的时候，这些音乐就越发响亮。在1803年年初的时候，他随意写下了普罗米修斯旋律的一段三音符变奏曲。这三个音，或称为基本和弦组合，像葡萄树桩一样拥有旺盛的生命力，开始蓬勃地生长起来。开始的几段有点脆弱，几乎没有什么值得展开的，尽管有一段长长的、颤动的属七和弦的延留音激起了他的兴趣。

渐渐地，他的草稿勾勒出了一部交响曲的轮廓，它史诗般的气势令他不得将它命名为“波拿巴”。仅是它的第一乐章，就足以吞掉莫扎特《朱庇特交响曲》的大部分，而后者到那时为止还是管弦乐中的至高典范。贝多芬打算用同等规模的一部葬礼进行曲、一部推进式的谐谑曲——它中途会扩展成圆号的三声部和声的合奏，以及一部以普罗米修斯主旋律为基础谱写的“宏大的终曲”来平衡这第一乐章。最后一个乐章的形式从前没有任何人尝试过——部分是古典式的变奏曲，部分是用专横的意志在驯服棘手的素材：像神的火焰用在泥土之身上面，像拿破仑法则在打破旧的律法。

面对如此雄心勃勃的作曲计划，就算是莫扎特也得把日程表上的其他事情清掉来专门做这事。但是对贝多芬来说，一部献给拿破仑的交响曲只是那一年里许多工作项目之一，他开启了音乐史上论多产程度、新颖程度以及始终如一的优质程度全都无可匹敌的一个十年创作期。他所有被标记为英雄主义的作品几乎都诞生在这一时期，期间还有别的作品，写给友人的、实验性的、改良的、为不同活动谱写的，以及为赚钱写的曲子。除了最后的两个类别，他似乎没有能力谱写媚俗的音乐。他怀有一种极度严肃的态度，不同于那些不像样的艺术家的自负。即使在他与出版商和剧院经理搞两面派买卖的时候，或是在欺负他那些最忠诚的朋友的时候（舒潘齐格和兹梅什卡尔“像是我随意玩弄的乐器”），他的动机都是单纯而唯一的：为了让那由《海利根施塔特遗嘱》释放出的音乐洪流从他身上流泻而出，他要尽可能地清除障碍——时间不多了，而他的肉身又显然那么脆弱。

在他 1812 年的下一个情感危机前，他还将写出一部歌剧、六部交响曲、四部独奏协奏曲、五部弦乐四重奏、六部弦乐奏鸣曲、七部钢琴奏鸣曲、五组钢琴变奏曲、四部序曲、三部舞台配乐组曲、四部三重奏、两部六重奏、七十二首歌曲、一部清唱剧，还有一部弥撒曲——更别说还有那些难以归类的作品，例如一部三重协奏曲、三部美得让人屏息的为四支长号而作的“同声曲”，还有一部“合唱幻想曲”，它包含了同等分量的钢琴即兴曲、协奏曲和世俗康塔塔。在头五个类别中，每一部都是杰作，至今仍是所有音乐会曲库的基石。只有两三部故意写给低端市场的钢琴协奏曲得不到同等的赞誉。

1803 年 4 月 4 日，贝多芬在维也纳再次举行了一场音乐会，他既是钢琴师也是指挥。（关于他的听力损耗，有一点很有趣，他自己也这么说，那就是它在音乐表演中给他带来的麻烦最少。）这次节目给他带来了一千八百弗罗林的收入，办这场音乐会的时候，他也有别的作品举行了首演：《D大调第二交响曲，Op. 36》、《第三钢琴协奏曲，Op. 37》，以及那部以惊人的速度完成的神剧“*Christus am Ölberg*”——即广为英语世界所知的《基督在橄榄山上》，它将在维多利亚时代盛行不衰。但是，如果现代的听众能坐时光机回到那晚的音乐会，而且只能选一个曲目来听的话，肯定会选择路德维希·凡·贝多芬作为钢琴师就约瑟夫·海顿那首完美的《皇帝赞歌》进行的即兴演奏。

这位老人如今已经是一副衰老颓态，这状态罕见而令人伤感，是由于身体上的痛苦折磨到了心智。他抱怨说脑子里全是比他写过的作品高等得多的音乐，但就是无法把它们写出来。海顿在宗教中寻求慰藉，接见来自世界各地的崇拜者，他除了每天在钢琴前坐着，一遍遍地弹奏同一首赞美诗之外，已经做不了别的事了①。

5月24日，贝多芬再次现身在公共场合，与小提琴家乔治·布里奇托华一起，演奏他最新的第47号作品《克莱采奏鸣曲》②。这部作品被公认为小提琴作品的顶峰，它搏动的力量是那么强大，以至于托尔斯泰写了一部名为“克莱采奏鸣曲”的短篇小说，警告人们它会对人的力比多产生可怕的影响。

贝多芬后来与布里奇托华绝交了，原因可能跟情事有关系。后者说他们只是“因为某个女孩吵了一架”。

同时，他也出版了更多的作品，越来越多的出版商争夺贝多芬

---

① 海顿这段时期的名片印刻着：“精力一去不复返，我已经衰老。”——原注

② 又称《克鲁采奏鸣曲》，是以法国小提琴家鲁道夫·克鲁采的名字命名的。

的作品。这些作品包括他的第 1 至 3 号《钢琴奏鸣曲，Op. 31》，以及《普罗米修斯变奏曲》，他吹嘘这部变奏曲是以“全然一新的风格”写成的。他最近的音乐会可以看作优雅阖上的玻璃门，把他的过去掩在了身后，用他第二交响曲里优美的小广板和对海顿的致敬，道出了他对启蒙时代最后想说的话。

仅是这三部新的奏鸣曲的开头小节就表现出贝多芬风格的巨大转变。G 大调的第一首，开篇是左手和右手混乱的不协调，像是某一只手（但究竟是哪只？）过早地触到了琴键。引出第二首奏鸣曲的柔和如雾的 A 大调结果却是一片海市蜃楼，用 D 小调燃尽了一片实质景观。第三首奏鸣曲像是对它自己都不确定，开始的三个音符的乐段任何调都不是。但是，这些开头只是贝多芬为那些敢于挑战他苛刻的技术挑战的钢琴家准备的几个象征：不可预料的无声、错拍的终止式、跳音反复、绝妙的旋律奇怪地被鼓点或逆向即兴伴奏打断，此外最离奇的是，在 D 小调的奏鸣曲中居然出现了两段长长的宣叙调，还是以弱音弹奏的，钢琴的两个踏板都踩得很低，像是在模仿从深深的地窖里发出的阵阵回响。

他是在自己的听觉洞穴之中传达耳聋“听起来”是什么样子吗？如果是，这些宣叙调就是所有音乐作品中最动人心魄的乐段了，拥有与巴赫的《赋格的艺术》、西贝柳斯的《第四交响曲》同样的力量，令心灵感到一股寒意。

从 1803 年年初起，贝多芬一直免费住在维也纳最重要的一个音乐厅里，即维恩河畔剧院[①]。它由剧院经理埃马努埃尔·席卡内德经营，

① “维恩”（Wien）在这里不是指维也纳市，而是维恩河，它是多瑙河的一条支流，位于南部城墙之外。这家剧院如今仍在那里。——原注

他靠莫扎特的《魔笛》赚了一大笔钱，而现在似乎正急切地想用一部奢华的新歌剧把自己搞得破产，也就是《灶神之火》，剧本是他亲自写的，他希望由贝多芬来写配乐。

免费的住所，外加一份丰厚的津贴，是此事的诱因。贝多芬同意签合同，虽然有人可能觉得他在火之神话方面已经写得够多了。多年以来，他一直在秘密地为写一部歌剧做准备。他甚至向宫廷乐长安东尼奥·萨列里学习了声乐创作和意大利语朗诵。但是席卡内德的剧本没能给他带来灵感。他写了几页草稿，感觉火焰没能燃烧起来，然后决定秋天的时候再试试。

春天又回到了维也纳森林。他离开城市的时候到了——但他并不急着回到一贯在高山上租的小屋。在海利根施塔特度过的上一个夏天里，贝多芬喜欢上了在温泉里泡澡。含硫黄的水流似乎让他的长期肠胃问题很有改善,但对听力问题的效果就不得而知了。这一年，他去南部待了几个星期，享用了巴登时髦的温泉浴，然后才去欧白都柏林一间俯瞰克洛滕巴赫峡谷的小屋度过了余下的夏日时光。那里够安静,能让他听见——靠近听的话——一道山泉起伏的流动声。他试图把这声音记录在草稿本里面，补充说:“溪流越大，声音越低沉。”[①]

一般而言，而且很明显地来说，成功人士到了中年，随着财富和影响力的增加，会有机会广游天下并积累新的经历。在贝多芬身上却出现了一个悖论，随着他的世俗眼界越来越狭窄，他的日常生活越来越刻板，他的天赋才能却在增加。对他来说，剩下的二十三

① 这是他将来所作《F大调第六交响曲》，即《田园交响曲》的肇始。——原注

年生命里，生活也够丰富了：不同的温泉，不同的山间小镇，还有多变的城市住址，甚至有一次，他发现他在同时支付四间住所的房租。但是驱使他不停漂流的动力（即使在乡下，他也总是在赶马车回到维也纳）却始终是个传记学上的谜团。其实只有一个真相：不管他去哪儿，贝多芬真正的家都只在他的头脑之中。正如他自己所说的，听起来有点科利奥兰纳斯的口气："我的世界在任何地方。"

毫无疑问，他的耳聋是造成他的隐士气质日益加重的一个原因。但是人们也会想起那个腼腆的小男孩，那个追求"狂想"的少年，还有那个沉醉于即兴演奏的幻想中的青年钢琴家。他们本质上跟这个 1803 年众所周知的怪人是同一人，他为音乐入了魔，所以当他行为得当、有礼貌、负责任的时候——其实他一直都能做到这些——人们反而觉得这比他在树林里大声咆哮并狂挥双臂还要奇怪。

"漫步派"这个词一直被用来描述贝多芬创作时那不可控的躁动。他似乎需要肢体动作来帮他组织他音乐的"运动"。任何场景的变化，不管是从城市到乡村，还是仅仅走到街上去，都能激起他的创造力。他常常沉浸在各种想法当中，以至于忘记吃饭。酒馆的老板习惯了他对着空桌子一坐就是好几个小时，出神地看着什么，然后不耐烦地叫结账。还有些时候，他吃完饭，喝完一整瓶酒，然后匆匆起身离开，钱也不给，身后追来气恼的服务生。他身体的新陈代谢仍然跟小男孩一样非一般地活跃。食物和酒精让他的精力旺盛，有时候驱使他一口气飞速地绕城两周（他的獭皮帽也快飞起来了）之后才心安地坐下来。在乡村的时候，他会一直走，边走边写，直到夜幕降临看不清路为止。

晚上，他也有冲动想进行点社交活动，于是他会回到酒馆找人做伴，或是到某个贵族的消夏别苑里弄点音乐娱乐一下。通常他都睡得很早，但是夜里常会被某些念头突然惊醒，然后必须要在它们消失在梦境里之前将其记录下来。

贝多芬一直都是个随意乱写的人，现在他成了音乐史上最不可思议的笔记爱好者，他的那些笔记本和一捆捆松散的乐谱堆成了山，要是动一下就可能带来归档的混乱。但奇妙的是，他居然弄得清楚他写的每一个潦草的秘密符号。对他来说，草稿远比成稿有价值，他觉得作品一旦出版就是多余的了。

在 1803 年夏天，他主要的工作是完成新的交响曲——它一天天地变得更宏大，以及一部 C 大调钢琴“大奏鸣曲”，这是题献给瓦尔德施泰因伯爵的。后一部作品技巧炫目，也许是 8 月的时候来自巴黎的一份意外礼物激发出来的灵感：一架法国知名钢琴制造商埃拉尔赠送的钢琴。它令他欢喜，象征着他的名声已经传到了法国执政官那里。

至少，贝多芬 8 月在酒馆里的沉思并不全是关于属七和弦的延留音。他思量着能不能通过把作品题献给拿破仑得到去巴黎赚钱的机会。费迪南德·里斯看到交响曲手稿的第一页题头潦草写着“波拿巴”，末尾是“路德维希·凡·贝多芬”的署名，两者之间神秘地留着空白，这让他警觉起来。他觉得贝多芬是想去拿破仑的宫廷里谋份职位，还对两人共同的朋友坦言这个情况“让我极为伤心”。

巴黎之旅和职位最终都没实现。贝多芬可能是不抱期待地幻想过，就像他幻想娶朱列塔·圭恰迪为妻一样。但是他之后的行为说明他时不时想搬走的事情并不仅仅是谣言，像是为了提醒维也纳人他还有别的选择。

到初秋的时候，交响曲已经写得差不多了，他在学生面前弹了一部分。里斯回家之后写道：“照他自己的话说，这是他迄今最伟大的作品……我觉得当它被演奏出来的时候，天地都将为之颤动。”贝多芬也在斯特凡·冯·布罗伊宁和另一个来自莱茵兰的年轻人——画家威利布罗德·马勒面前试奏了根据普罗米修斯变奏曲写的最后一个乐章。比起这段乐章，他们对紧接其后惊人的两小时即兴演奏印象更为深刻。马勒深深地被贝多芬双手的宁静感所打动："单是那些手指就完成了奇迹。"

不久之后，马勒给贝多芬画肖像的时候，特别地渲染了这一双手的灵活。这位作曲家左手随意地晃着一把里拉琴，右手屈曲着像是要开始指挥演奏。令人瞩目的是他那宽大的手掌和纤细的手指，它们在这么个矮壮的人身上显得很奇特。贝多芬仍然保留着一些世俗的喜好，会去理个昂贵的发型，还穿着披肩领式的时髦外衣，好让胸口和脖子的雪白亚麻领口能最大限度地露出来。在大大的额头下的那张脸满是内向的正经表情：连那双浅棕色的眼睛也在偷偷躲避着观者的注视。①

去掉里拉琴，加上一副厚厚的凹眼镜，这差不多就是洛布科维茨亲王的管弦乐队成员在1804年6月初看到的贝多芬的形象，那时他正带领他们完成《波拿巴大交响曲》的第一次排练。就在两周之前，拿破仑宣布成为法兰西国王。里斯关于贝多芬因这个消息而勃然大怒的故事已经广为人知（"他会让自己高于一切，会成为暴君的！"），故事里说他撕毁了乐谱，并且把标题改成了"英雄交响曲"。

传记里的描述与肖像画不一样，随着时间的过去，总是会增加额外的细节和戏剧效果——通常还是夸张的戏剧效果。里斯是贝多芬最好的朋友，既没有被他吓唬住，也没被他给迷惑住。他是一个正

---

① 贝多芬这幅画像的复制品现在挂在纽约表演艺术公共图书馆音乐分馆中。——原注

直得无懈可击的人，1837 年，弗朗茨 · 韦格勒说服他合著《路德维希 · 凡 · 贝多芬的传记笔记》，这一小本严谨的回忆录至今仍是贝多芬研究的首要资料。但是，五十四岁的里斯跟韦格勒一样，可能把那么久以前的往事混淆。确实，贝多芬对拿破仑的幻想在 1804 到 1805 年间的某个时间点破灭了，他对此也十分愤怒。交响曲的一本誊写员抄本确实留存于世，上面皇帝的名字被狠狠地划掉了，连纸上都破了一个洞。尽管如此，1804 年仲夏，当贝多芬把乐稿交给莱比锡的出版社布莱特科普夫与黑特尔的时候，上面仍然写着“题赠：波拿巴”。

为了重现这部作品在洛布科维茨宫殿里首次排练时的声学震撼，也许我们应该先不去管命名法方面的争论，而是仅仅把它当成贝多芬的《降 E 大调第三交响曲，Op. 55》。这座宫殿至今仍在维也纳市中心。[①]任何走进它那位于二层的演奏厅的人，如果已经习惯了它那令人不安的狭小空间，可以再想象一下在这间屋里降 E 大调的极强和弦爆发出来是什么感觉。它们是新一代交响曲语言的炮弹，它们出色不是因为声音嘹亮（海顿的《创世纪》也制造了差不多的响声），而是由于释放的能量让低弦的降 E 音直接去了升 C 音——这个音是如此遥远，贝多芬只用了十二个小节就又转回来，简直是个奇迹。他用一个长长的、狂喜式的延留音做到了这一点，就像是水鸟在回到水中前急速飞行时的失重状态。这种狂喜的到来似乎是源自空气动力学的力量，没有任何外力的催促。

确实，在这宏大的开场快板之中有一种推进力，让它听起来既快速又缓慢。它的搏动是如此平稳，以至于在那些强到足以中止任何古典交响曲的切分音之后仍然感觉得到其存在。当贝多芬在展开

① 它现在是奥地利戏剧博物馆。——原注

部中在弱拍上放下不协和和弦之后——和声与节奏以同等的力量相互撞击——他成功地中止了他自己的交响曲。洛布科维茨的演奏者们被弄糊涂了，停了下来，让他又得从头开始。

里斯在贝多芬指挥的时候就站在他身边，差点再一次中断演奏。当展开部终于到达那段贝多芬从他的草稿本上改编而来的长长的属七和弦的颤音时，轻柔的圆号独奏以和声为背景开启了开篇的三和弦。“那个该死的号手！”里斯大叫道，“难道他不会数数吗？”

一时间，贝多芬看起来真想揍他。

我们可以理解这位年轻人的行为，因为他刚才听到的——和声解决的预期——违背了一切古典乐的法则。在西方音乐中，属七和弦向主调的转调是最强大的力量：阻止它这样做简直就像是终止射精。贝多芬也没有那么执迷不悟。他只是插入了和声解决的前响，整个解决（尽管里斯对此进行了抗议）随一大段渐强而到来。在1804年，只有现代的头脑才能写出这样的混合效果。直到今天，它产生的效果仍然跟当年一样令人震撼——它不像这一方法在进行电影剪辑和在视频迭化前的音频交叉剪辑时的滥用。

贝多芬教会洛布科维茨家的乐手演奏他的交响曲的过程中，其他场次的排练情况不得而知，除了他有时候对平衡管乐部分感觉有点棘手。（“你想象不到……逐渐失去听力对他产生了多么难以描述，或者说，多么可怕的影响。”斯特凡·冯·布罗伊宁在家信中这样写道。）我们甚至不能确定贝多芬本人有没有亲自指挥第一场私人演出，因为洛布科维茨亲王很快就搬去了他在波希米亚的夏季行宫，带走了管弦乐队，显然，也带走了乐谱[①]。

① 贝多芬的原稿已经遗失。——原注

依照当时盛行的贵族赞助人的制度，大型音乐作品的买主能够享有一年的独家演奏权。那之后，作曲家可以自由地拿作品向音乐厅经理人和出版商兜售赚钱。另一个选择是把作品题献给某个有钱人或者权贵人士,他们可能会（也可能不会）赏赐给作曲家一堆金子。就这部交响曲而言，由于贝多芬一贯令人费解的生意经，洛布科维茨给一部据说要题赠给拿破仑的作品付了四百达克特金币，但是到那时为止，两个人都没获得题赠。谁也保证不了第一执政官会接受题赠，更别说拿出具备竞争潜力的金路易了。在帝国休战带来的一年半的虚假和平之后，与法国的关系再度恶化了。尽管如此，贝多芬 8 月份时仍在说他的“波拿巴”交响曲，那时洛布科维茨已经离开维也纳很久了。

他这段时间的草稿本里是一片灵感爆发的混乱。仔细研究的话，人们会对贝多芬同时进行的工作量感到震惊。除了普罗米修斯和波拿巴的素材，还有为《灶神之火》几幕戏以及为另一部歌剧（下面会提到）写的乐曲；对《基督在橄榄山上》的修改；三部钢琴奏鸣曲和一部三重协奏曲的草稿；还有怪异的、像声谱图一样的草稿，它们未来会成为他的《第四钢琴协奏曲》和《第五交响曲》、《第六交响曲》的草稿。里斯这样描述当他们在乡间散步时，贝多芬突然灵感爆发的场景：

> 他一路都在哼着小曲，有时甚至还大声地嚎叫起来，也没管我在旁边——声音时大时小，也没哼出特定的曲调。当我问他哼的是什么的时候，他回答说：“奏鸣曲最后一节快板的主题，我刚刚想到了。”（《F 小调奏鸣曲，Op. 57》）当我们［回家之后］他帽子也没摘就奔到了钢琴边。我在

角落里找个地方坐下，然后他立即就把我忘了。他风风火火地弹了至少一个小时……最后他终于站起来，看我还在那里，感觉很吃惊，说道："我今天不能给你上课。我还有事要做。"

那年夏天的奥格腾音乐节上，里斯在贝多芬的指挥棒下演奏了《第三钢琴协奏曲》，他已经不需要更多的指导了。他现在更像是个行政助理，帮助他的老师监督誊写员、管理账目，并且核对从六个镌刻工那里不断涌来的乐谱校样——这份工作很耗费眼力，跟组装计算机母板差不多。（比如，《第二交响曲》的第一页包含了一千九百二十五个单独的符号，但音乐本身没超过十五秒钟。）卡斯帕成了贝多芬的经纪人，跟出版商、钢琴制造商、音乐会代理人以及要看天才长什么样的陌生人打交道。即便如此，还是有许多人让这位总是那么平易近人的作曲家烦恼。

"别人总是让我感到不安，"贝多芬抱怨，"我必须逃开才能独处。"

他对孤独的渴望有时候也是出于其他的原因。有一天晚上，里斯发现他跟"一个年轻漂亮的女性"一起坐在家里的沙发上。里斯不想打扰他们卿卿我我的谈天，准备走开，但是贝多芬坚持让他为他们弹奏点音乐开心一下。钢琴凳放的位置正好阻挡了里斯的视线，他在弹奏的时候看不见身后到底发生了什么。但是他的老师的指挥却很有意思："里斯！弹点浪漫的！"一会又说："来点忧伤的！"接着又是："来点激情的！"

当这位女子最终离开后，里斯听说贝多芬居然连她是谁都不知道，不禁大吃一惊。他们跟踪她去看看她住在哪里。月色明亮，"但她突然就消失不见了"。

或许，这只是一件小小的逸事，但歌德可能据此写出一首诗来：客厅，钢琴，屋子里弥漫的情欲张力，两个潜行在街上的男子，格蕾琴[①]消失在月色之中。里斯！弹点浪漫的……忧伤的……激情的！贝多芬的语言是一种新的感情语汇的典型代表，它已开始在德语中盛行起来。19 世纪是年轻的，而且勉强算来，他也还年轻。要记住，这时候贝多芬仍然固执地相信自己生于 1772 年 12 月。这让他自己认为，当他于 1804 年的晚秋回到维也纳时，自己才三十一岁，于是他开始忘情地追求约瑟芬·戴姆 – 布伦瑞克。

事实上，他当时马上要满三十五岁了，还从没有哪个女子看上他。差不多十年前，一个歌手曾轻蔑地拒绝了他的追求：“因为他太丑了，还像个疯子！”朱列塔·圭恰迪应该是爱他的，但却嫁给了文策尔·加仑贝格。如今，戴姆伯爵意外去世，约瑟芬又成了独身。也许贝多芬这么说服自己：她仍然来上钢琴课，对他也温柔。

到 1805 年年初的时候，他已经每天都要去看她。很明显，他爱上了恋爱的感觉，他写一些感伤的信，文风浪漫到了极致，结尾是让人喘不过气的破折号和强调的斜体字：“噢，您呀，您让我希冀您的心将长久地——为我而跳动——我的心也只会——当它停止跳动的时候——才不因您而心动——挚爱的 J. ”整个春天，他一直这样希冀着，让约瑟芬的姐姐特蕾泽警觉了起来（“佩皮跟贝多芬，他们能是什么结果啊？她应该警惕起来！”），但也得到了利赫诺夫斯基亲王的喝彩，他自己就是个引诱女子的惯犯。

约瑟芬也许注意到了，贝多芬那为她跳动的心也没促使他用更为亲密的人称代词“你”，所以她以绝妙的圆滑婉拒了他。“我对您

① 歌德的《浮士德》中被浮士德追求的女子。

的爱无以言表，”她写道，“就像一个温柔的灵魂爱着另一个。”性对他来说是如此重要，这让她无比遗憾：“如果您对我的爱少一点肉欲，那么与您相识的乐趣将是我一生中最美好的宝物。”

贝多芬通过《莱奥诺拉》将他的挫折进行了升华，上一年开始，这部歌剧的情节就出现在他的笔记本之中。(《灶神之火》现在已经被完全放弃了。) 从创作的各方面来讲，《莱奥诺拉》简直就是为他定制的。女主人公的名字让他想起了自己的初恋，而它表达主题的副标题“婚姻之爱”，则给了他机会用音乐来表达他可能一生也得不到的一种幸福。并不是说此剧的情节宣扬了安逸的家庭感情。它对他说，准确地说，正如他告诉里斯的一样：“弹点浪漫的……忧伤的……激情的！”

《莱奥诺拉》原先的剧本是让－尼古拉·布伊根据法国大革命期间的一桩真事写成的。一个年轻女子变装成男孩形象，潜入都兰的一所国家监狱，将她的丈夫从政治监禁中解救了出来。经过布伊的戏剧处理（约瑟夫·松莱特纳——宫廷剧院的秘书，为贝多芬改编成德语剧本)，这一事件因其女权主义倾向和反集权主义而明显地具有讽喻现实的意味，所以两位剧作家都谨慎地把场景移到了17世纪的西班牙。被监禁的贵族被含糊地套上了“弗洛雷斯坦”这么个经典的名字，而那个不经过审判直接把他关进监狱的典狱长变成了“皮萨罗”。这样的话两者都跟比利牛斯山以北的任何政治体制没关系了。

贝多芬感兴趣的并不是它情节里包含的意识形态，而是它普罗米修斯式的类比（莱奥诺拉充满了爱的火焰，降临到冰冷的监牢，给那里被囚禁的人带来自由)。就他个人而言，他以弗洛雷斯坦的身份回应着她身体力行的勇气，这正与约瑟芬肉体上的怯弱形成了对比。最重要的还是一个男人与外界的声音隔绝这个中心象征。

三年前，贝多芬在他的《D 小调钢琴奏鸣曲》中，用宣叙调发出了自绝望深渊里传来的呐喊，表达了他在自己耳聋造成的监牢里所感受到的孤独。如今，他可以用整部戏剧来发挥渲染。从他抄下弗洛雷斯坦的独白那一刻开始，他已经从隐喻层面和音乐层面把自己与这位主人公画上了等号：

> 神啊！这里多么黑暗！
> 噢，可怕的寂静！

他追溯到个人记忆的更深处，写出了使用与《为约瑟夫二世逝世而作的悼念康塔塔》开篇一样的轮唱模式的管弦乐序曲：一个在低弦部的拖长的、空洞的 C 音，接下来是一个管乐声部的绝望的小调[①]。

贝多芬意识到自己正在事业的顶峰挑战一种全新的作曲模式，他尽全力去表现松莱特纳歌词的玄妙之处，带着一种连他都不常有的狂热。他写满了四个草稿本，其中的三百四十六页存世，满是在他着手写全稿之前关于音乐的想法。

贝多芬作品移花接木的特性并不仅仅是表现在时间先后（他似乎记得自己写的每一个音符），还任意存在于不同类型的作品之间。仅是一个敲击结构——三个快速的敲击之后是一个慢速的——曾分别在奏鸣曲、协奏曲和交响曲这些作品中完全不同的乐章里出现。一段在《灶神之火》中难产的二重唱到了《莱奥诺拉》之中就活力焕发，欢快地跃动起来。在他完成这部自我救赎的剧作之前，他还

① 后来，贝多芬把这一整个乐段调高了四度音，以匹配弗洛雷斯坦的男高音。——原注

会再次感人地引用《约瑟夫二世康塔塔》。这就好像是某些想法，在起初没能够全部实现，一直折磨着他，直到他把它们存在的全部意义都挖掘出来。

也许最具决定意义的时刻发生在1805年的4月7日，在他的《第三交响曲》首次公演的时候。当时在维恩河畔剧院的人，听到指挥家贝多芬突然让终曲的节奏慢下来，引入全部三支圆号，由低音弦乐加强，以极强的宣泄之声奏出普罗米修斯的主题乐，当那畅快的宣泄之音响起时，恐怕没有人不为之沉醉。

关于以波拿巴为这部交响曲命名的问题终于不用再费心了，特别是在弗朗茨二世应拿破仑登基为帝的情势，把自己的名号变更为“弗朗茨一世——奥地利国王”之后。另一场战争即将爆发，贝多芬不能让人认为他不爱国。就在交响曲首演的前十二天，拿破仑宣布他要将意大利的铁王冠也收入自己的头饰陈列（“上帝把它赐给了我”），然后开始把原先属于弗朗茨的土地分封给他的家族成员。显然他自认为当代的查理曼大帝，虽然弗朗茨名号的改变已经说明神圣罗马帝国终于分崩离析了。

贝多芬对政教合一的政权有一种美国式的不信任。他对波拿巴暴怒到撕掉手稿的行为可能也发生在这一时期。他将这部作品献给了洛布科维茨亲王，然后当他准备出版的时候，他郑重地用他最好的意大利语把它命名为：*SINFONIA EROICA…composta per festiggiare il sovvenire di un grand Uomo*（英雄交响曲……为纪念一位伟人而作）。

最初，这部作品得到的评价是负面的。它恢弘的长度疏远了许多听众（“如果能让它停下来，我愿意付一个金币。”有人这样抱怨说）。《大众音乐》的一位记者写道：“这位评论者是凡·贝多芬先生最忠实的乐迷，但是他也坦言这部作品里面有太多炫目、离奇的内容。”

值得注意的是，在这篇针对贝多芬的负面评价中，有一种尊重他的自我怀疑，似乎没能欣赏他的音乐是听众的问题，而不是作曲家。“如果你们认为你们发表的那类文章能伤害到我，”贝多芬给该刊物的老板写信说，“那你们就错了。”这份杂志也这么认为。在该刊存世的重新表扬《英雄交响曲》的文章里，它的编辑如此宣布：“来自所有专家、评论家的声音都是一致的…… [这部交响曲] 绝对……属于迄今所有音乐类型当中出现过的最独特、最崇高也最深刻的作品之列。”

1805 年 8 月 9 日，奥地利被俄国哄进了第三次反法同盟，同盟中的其他国家有英国和瑞典。它们不计后果，迅速东倒西歪地准备与拿破仑的军队在多瑙河上游一决胜负。和大多数德国人相比，贝多芬对这不妙的形势缺乏了解，因为他那个夏天在海岑多夫租了间避暑小屋，这段距离让他对约瑟芬·戴姆的思念格外热切。他同时以狂热的强度在写《莱奥诺拉》的乐谱，到初秋时已经写好，预定 10 月 15 日在维恩河畔剧院开演。可是，接下来却来了双重打击，贝多芬被告知他的歌剧被禁了，等着帝国的审查官决定是否能解禁，而且它的名字被改了，不再是“莱奥诺拉”，变成了“费德里奥”。

演出的推迟并不是什么坏事，因为贝多芬仍需要写一首序曲[①]，而且女主角是只有二十岁的女高音安娜·米尔德，他需要尽可能多的时间来排练。但是标题的改变对他来说是非常致命的。“费德里奥”（一个忠诚的人）是莱奥诺拉为进入关押丈夫的监狱扮男孩时对自己的称呼。贝多芬觉得用一个假人物的名字给这部剧命名会损害它——

① 如今，容易令人混淆的是，这首序曲被称为《莱奥诺拉第二号序曲》。——原注

实际上，是改变了它的性别。他在第二幕里倾注了自己最如痴如醉的音乐，在这一幕中真实的女子透露了自己的真实身份，表示自己愿意为爱而死：“是的，我是莱奥诺拉！”

不幸的是，他并不是第一个给布伊的故事谱曲的人。其他人已经在巴黎、德累斯顿和帕多瓦把它改编成了《莱奥诺拉》、《莱奥诺雷》和《莱奥诺尔》。因此他的《费德里奥》版本成了维也纳的代表，而且是永久性的。

10 月 5 日，正当剧作家刚刚把内容修改到审查官满意时，拿破仑军队在乌尔姆包围卡尔 · 马克将军率领的奥地利军队的消息传来。两个星期以后，有广告登出《费德里奥》将于 11 月 20 日进行首演，马克也在这时候投降了。萨尔茨堡在这之后不到十天陷落。从那以后，贝多芬疯狂地进行排练，神经性腹泻也再度爆发（“我经常得的病”），他还跟身边的每个人吵架，从里斯到洛布科维茨亲王都未能幸免——他开始跟拿破仑进行一场奇怪的竞赛，像是在比谁能先“占领”维也纳。

结果皇帝赢了。11 月 13 日，随着一阵战鼓声，他一万五千人的先头部队以战斗队列开进了这座城市，让维恩河畔剧院舞台上那排行进的哨兵显得很滑稽。贝多芬所依靠的所有贵族几乎都逃离了首都。两百五十万奥地利人难以置信地惊呆了，拿破仑已经占领美泉宫。

《费德里奥》在五天后的晚上在有一半上座率的剧院里开演。那天晚上大部分的观众是法国军官，他们听不懂德语的对话，而且可能根本就没听说过贝多芬。这并不是说奥地利观众对他的戏剧更有好感。一份发表于《弗雷姆特格报》的简短评论总结了他职业生涯里最可怕的失败：“贝多芬的新歌剧《费德里奥》，或称《婚姻之爱》，并不受欢迎。它只上演了几个场次，而且首演之后［剧院］就完全是空座……配乐实在是远低于业余爱好者和专业人员的预期。”

在受辱的贝多芬撤掉这部剧之前，普罗米修斯式的介入也许还能拯救它：拿破仑光临维恩河畔剧院，而且从皇帝的包厢里传出一丝赞许的信息。但是这样的幻想并没有成真。波拿巴听不懂德国音乐。他很快就去了奥斯特里茨，于 12 月 2 日在那里让俄国奥地利联军吃了军事史上最毁灭性的一次败仗。五个月的战争结束了，他完成了对欧洲大陆的占领。伦敦和圣彼得堡的战略家们开始为他们帝国的未来而害怕得颤抖起来。

贝多芬从自己的溃败中恢复以后，大幅度地修改并缩短了《费德里奥》，希望让它有更好的戏剧效果。一些优美的乐段在这个过程中被牺牲掉了。在绝境之中，他仍希望能够复活“莱奥诺拉”这个名字，并以此为标题写了一首新的序曲[①]。但是当歌剧在 1806 年 3 月和 4 月重新登台的时候，它还是被称作“费德里奥”，而且这次还是很不受欢迎。他深感沮丧，所有人都以为这该是他最后一次收起乐谱了。

“由于收到的这些反响，他失去了很大一部分的创作欲望和对作品的热爱。”斯特凡·冯·布罗伊宁在写给韦格勒的信中这样说道。

如果真是这样，那我们就得说贝多芬的这一年是创作极少的一年了，但他完成了：《四号钢琴协奏曲，Op. 58》和《小提琴协奏曲，Op. 61》，两部都是极富抒情之美的乐曲；一部《第四交响曲，Op. 60》，《英雄交响曲》宏大而粗犷，它则文雅而精致；《克里奥兰序曲，Op. 62》；《为钢琴而作的 32 首 C 小调变奏曲》（这部精湛的恰空舞

① 这是伟大的《莱奥诺拉第三号序曲》。《莱奥诺拉第一号序曲》1808 年出现，是为一次外地的演奏写的。——原注

曲却一直受到贝多芬莫名其妙的诋毁，他甚至拒绝给它作品编号）；名副其实的《热情奏鸣曲，Op. 57》；还有三首理智的弦乐四重奏，第 59 号作品，是受俄国驻维也纳大使安德烈亚斯 · 拉祖莫夫斯基委托所作。这一系列音乐作品的伟大之处不仅是它们始终如一、每一节都无比卓越的品质，还有风格变化的范围之大，只能以普罗透斯[①]般的变幻多端来形容。撇开本身就千变万化的变奏曲不说，在构成这些奏鸣曲的二十三个乐章里，除了那难以定义的“贝多芬之声”以外，几乎没有共同点。《热情奏鸣曲》的终曲（出自之前两个夏季的乡村漫步给他的灵感）像是狂暴的永动机，从头至尾听起来都像一个有杀人倾向的人写成的。第 58 号作品的行板是一篇令人信服的雄辩文章，钢琴独奏用乐句催眠了凶猛的管弦乐队，起初安静得根本听不到它的声音。第 60 号作品的终曲是光芒闪耀的练习曲。另外，有哪一个第一次听第 61 号作品的人，会预料到开篇的四声干巴巴的鼓点之后是一部小提琴协奏曲呢？

至于那三首一组的、如今闻名于世的《拉祖莫夫斯基四重奏》，用刘易斯 · 洛克伍德的话来说，它相当于“四重奏历史上的分水岭，可以跟‘英雄’和‘瓦尔德施泰因’相比”。它们有着不近人情的严肃和理智力量，使听到的人和试图演奏的人都惊慌不安。伯恩哈德·龙贝格，贝多芬在波恩就认识的同事，当发现第一首四重奏竟然要求他在大提琴部分在一根弦上奏出类似鼓声的咚咚声时，就真在地上跺起脚来。小提琴手费利克斯 · 拉迪卡蒂大声说他觉得这四重奏根本就不是音乐。贝多芬无视了他的讽刺：“它们不是写给你的，而是给未来的时代。”

① 希腊神话中的一个早期海神，荷马所称的“海洋老人”之一。

第一首宏大的开篇乐章直接源自贝多芬之前那组四重奏组曲第18号作品里最后的小句，就像一只球果长成了红杉树。它在那个世纪播下种子，催生了另一个世纪的音乐：舒曼、门德尔松以及勃拉姆斯都将它视为创作的榜样。甚至瓦格纳晚年的时候也研究过它。而它第二首里奇异的沉寂、紧凑的主题和意义不明的和声启发了勋伯格[①]。从第三首的引子部分可以看出贝多芬对神秘开篇的热爱，这部分可能是，也可能不是作品的有机组成部分。对这部作品而言，神秘主义走得太远了：和声的转变听起来怎么也不对劲。但随着乐曲的展开，四重奏变得有逻辑起来，最后以一首才华横溢的赋格曲结束。音型的速度是如此之快，足以磨损最平滑的琴弦。人们感受到的是一个思想燃烧的人带来的震撼。但是这作品的对位法是完美无缺的，它表明了1806年的贝多芬可以与海顿和莫扎特——如果不是巴赫——在任何种类的复调乐上平起平坐[②]。

“我在考虑全身心投入这种类型的创作。”他给布莱特科普夫与黑特尔出版社的信里这么写道。

钢琴家兼学者查尔斯·罗森与洛克伍德一样，近年来致力于证明贝多芬在德国文明史上的地位，引用了弗里德里希·冯·施莱格尔对音乐家的一句评论，说他们在自己的作品中比在日常生活中更理智。对贝多芬来说，在他创作《费德里奥》和前面提到的其他作品的三年中，情况的确是这样。自从《英雄交响曲》之后，这位天才的音乐就处于绝对的控制之中。但是他的社交行为却在退化。他与

① 阿诺德·勋伯格（1874—1951），奥地利作曲家、音乐理论家、教育家、画家、作家。他深远地影响了20世纪音乐的后续发展。

② 这部四重奏带红色蜡笔标记的手稿曾由波恩的贝多芬故居于1996年出版复制本。——原注

亲友之间的争吵越发凶猛。对卡斯帕和约翰，贝多芬是见了面就要打起来的架势，斯特凡·冯·布罗伊宁和费迪南德·里斯也经常受到他激烈的长篇大论的指责和长久的疏远。他曾试图把一把椅子砸在利赫诺夫斯基亲王的头上；他站在洛布科维茨亲王的宫殿门口，像街上的疯子一样大喊："洛布科维茨是头驴子！"排练时弄乱了他那复杂的乐谱的管弦乐队成员，是"故意"这么干的。给他服务的人，从房东到最卑微的侍者，都是一门心思要从他手里骗钱（虽然在这种怀疑症发作的间隙，贝多芬花钱最大方了）。而那些给他带来收入的人——出版商、专利商、音乐会代理人——也同样爱说谎。他已经让《费德里奥》在只有极少观众的情况下演了五场，还没理解他自己可能要为剧院没能收回成本负责。坏人一定是巴龙·冯·布劳恩，那个一副绅士派头的维恩河畔剧院经理，贝多芬断然指责他"骗钱"。

在他《拉祖莫夫斯基四重奏》那段忧伤而缓慢的乐章的草稿里，一句神秘的注解值得一提。"一棵哭泣的柳树，或是金合欢树，"贝多芬潦草地写道，"长在我弟弟的坟墓上。"他写这句话时，大概是三十二岁的卡斯帕·凡·贝多芬与约翰娜·赖斯结婚的时候，约翰娜是来自维也纳中产阶级的一名十九岁女孩，已经怀孕五个月了。越来越偏执的路德维希似乎将她视为家族圈的致命威胁。他以惩罚自己的弟弟为回应，因为他居然爱了别的人，忘记了他。小卡尔在1806年9月4日出生后，卡斯帕被解除了代表路德维希处理事务的权力。

在想象的哭泣之柳下，一个自恋狂人深深扎下了根。

斯特凡·冯·布罗伊宁，永远都那么善于原谅人，而且一直在为《拉祖莫夫斯基四重奏》的内向特质而担忧，试着——用文字的方式——让贝多芬恢复他的公众气质。"您还仅仅是开始，"他写道，"它那令人目眩神迷的声音有荣光、力量和深度……像一条丰沛的金色河流。”这可以说提前描述了贝多芬在1808年继续写作的一首曲子，就好像四重奏从没产生过一样。以于1806年圣诞前夕在维也纳首演的小提琴奏鸣曲开始，他继续创作了一系列规模宏大的作品，其中大多数的主要和声、激昂的高潮以及无法描述的高贵，在两百年后的今天，仍然宣告着那个“英雄主义的”贝多芬。很难想象当今的哪个古典音乐电台或网站每天不是往死里放《第五交响曲》、《皇帝协奏曲》、《克里奥兰序曲》和《莱奥诺拉第一号序曲》，以及《合唱幻想曲》，但同时又令人遗憾地忽略了他其他的杰作，比如《大提琴奏鸣曲，Op. 69》、《鬼魂钢琴三重奏》和《降E大调钢琴三重奏，Op. 70》，以及少有人知的平静而优美的《C大调弥撒曲》。

可以说，这些年他享受的是纯粹的成功，尽管尼古劳斯·艾什泰哈齐亲王并不喜欢这首弥撒曲，而且由于挥椅子事件，利赫诺夫斯基亲王觉得有必要停止向他提供年俸。伊格纳茨·冯·格莱兴施泰因男爵，他的新任经理人，几乎没注意到这六百弗罗林的损失：钱流进来的速度比乐稿出去的速度快多了。奥珀多夫伯爵连一个音符都还没听到，就为他的第四和第五交响曲付了一千达克特。伦敦的出版商穆西奥·克莱门蒂付了他两百六十英镑，约合两千六百弗罗林，取得了他一部分作品的英国出版权，而他又迅速地拿这些作品在维也纳卖了一千五百弗罗林。接着一个“皇冠级”的暴富机会来了，威斯特法尼亚的新国王（也就是热罗姆·波拿巴）为他准备了一个在卡塞尔担任兼职乐长的机会，工资是六百达克特，还有许多福利。

在1808年10月，这个机会来得正是时候。贝多芬一直威胁着要离开奥地利。他并不是认真地想象一种在别的地方的生活，而是由于年近中年，他觉得维也纳的长老们应该给他一个挂职的美差。

他毕竟是少数没有随着拿破仑的崛起而衰弱的当地名流。海顿还活着，但只是勉强活着罢了。人们一致同意，德国音乐的未来掌握在贝多芬那有力的双手之中。

他首先给维也纳帝国宫廷剧院的理事会写了一份请愿书，要求受聘为驻剧院的作曲家，一年的薪俸为两千四百弗罗林。不说别的，这封以第三人称单数写的请愿书的口气，表明贝多芬在《费德里奥》的灾难性后果面前，自尊没有受到任何损伤：

> 本信的署名人可以自豪地说，他在维也纳生活至今，已经得到了一定程度的喜爱和推崇——来自国内和国外的都有。
>
> 然而，他也一直与各种麻烦事作斗争，而且迄今为止，他还没有那份运气在这里得到一个相称的职位，能让他实现仅为艺术而活的愿望……
>
> 由于他事业的全部追求并不仅是谋求三餐饱足，而是为了提高大众品位，并让自己的天才飞向更高的境界，甚至达到完美，所以结果必然是署名人不仅向缪斯女神牺牲了自己的物质收益，还牺牲了自己的优势。

剧院的理事会无视了他的请求，于是贝多芬抓住了热罗姆国王的邀请警告维也纳，如果它不赶紧抓住他，那他的天才可能要翱翔到外国去。他默许说他正在考虑去北方当乐长的谣言散播开去，然后投身到一场将终结所有音乐会的音乐会的准备工作当中，它会让这座城市的“高贵的乌合之众”知道“天才”这个词真正的意义。

这场音乐会预定于 1808 年 12 月 22 日星期四在维恩河畔剧院举

行。贝多芬宣告说所有的曲目都将是“全新的，公众从来没有听过的”——这句谨慎的冗长表述是为了掩饰他已经在洛布科维茨的宫殿里私下演奏过其中的至少一个选目——他的《第四钢琴协奏曲》。他也没说那个晚上的演奏会将持续至少四个小时。第一部分包括他的F大调“第五交响曲”，题目是“乡村生活的回忆”（这个他极少加在作品上的尴尬称呼，很快就变成了“田园交响曲”）。接下来的就是女高音演唱的咏叹调《啊！负心人！》，源自他《C大调弥撒曲》里面的赞美诗，接下来是由他自己独奏的协奏曲。在幕间休息之后，是他的《C小调第六交响曲》，然后是弥撒曲里的“圣哉经”和他自己的钢琴即兴独奏。音乐会的宏大高潮部分将是一首“以整支管弦乐队逐渐登场和引入合唱作为终曲而结束的钢琴幻想曲”。

有学识的读者可能会注意到贝多芬似乎调换了他两部交响曲的编号——如今他的《第六交响曲》是《田园交响曲》，而C小调的成了他的《第五交响曲》。但是1808年的情况并不是这样。由于两部都还没有出版，他是按照自己完成它们的先后顺序来看待它们的。虽然《第五交响曲》（我们今天尽责地称它为此）比《第六交响曲》动手得早，但是完成的日期实际在它后面。他将其视作与《英雄交响曲》一样伟大的作品，迫不及待地想听到“三支长号和短笛”从管弦乐队里以欢快的音响爆发出来——“比六只定音鼓的声音还多，比它们还更擅长制造动静”。

但是首先，为了回报让他免费使用剧院的人情，他得在11月15日的一场募捐演奏会上指挥同一支管弦乐队。要么是在排练时，要么是在演出时——关于此事的记录有别——贝多芬撞倒了一个枝形大烛台，或者是合唱队的一个男孩，或者是两者。他的独断专行惹怒了大部分乐手。这对12月22日那晚的盛大演出可不是个好兆头，他还希望这场音乐会能让他赚到比先前都更多的一大笔钱呢。

结果，那个晚上凄冷无比，以北极蓝和雪白装饰的洞穴般的礼堂从头到尾都没热起来。高音演唱歌手是个被吓坏了的替补（贝多芬跟他原定的独唱家闹翻了），而且合唱队和管弦乐队都排练不足。贝多芬无疑受制于耳聋的问题，没有给予足够的动态对比，正如音乐作家约翰 · 赖夏特所说："人们对好东西接收得太多就很容易腻味，而对声音太大的就更容易厌倦了。"

在超过三个半小时的音乐演奏之后，贝多芬投入到了他的《合唱幻想曲，Op. 80》的独奏序曲当中，管弦乐队的乐手们对这音乐还没有听众熟悉。许多内容他直到最后一刻才写完：根据一位演奏成员所说，一些声部上的墨迹还是湿的。不可避免的一刻来临了，大约是在演奏进行到一半的时候，他不得不扭转不和谐音的灾难，叫停了演奏，然后从头开始演奏这首长长的乐曲。

也许在这时候，用马克·吐温的话来说，应该仁慈一点，拉下"宽容的幕布，遮住余下的表演"。

第五章　不朽的爱人

1809 年 1 月 7 日，贝多芬接受了热罗姆 · 波拿巴给他提供的卡塞尔宫廷职位。这表示他准备在三十九岁之时从一个世界级都城搬到一个地方首府去，同时放弃过去的十五年里在维也纳建立的所有赞助关系网和生意上的信誉。

所有人都觉得这个决定不可理喻，当然，他自己显然不这么认为。虽然他那场冰冷的音乐会对所有牵扯进来的人都是一项试炼，但是城里的音乐精英们都还是很有礼貌地参加了，洛布科维茨亲王一动不动地坐在小包厢里俯瞰舞台，还有年幼的钢琴神童伊格纳茨 · 莫舍勒斯[①]在边座的一个角落。而且贝多芬的名声也没因为《费德里奥》的失败而受到损害。让他颇为气恼的是，人们仍然将他视为伟大的器乐作曲家。1805 年以来他写的所有大作都得到了好评，例外情况有《C 大调弥撒曲》（他自己一直为之自豪）和《拉祖莫夫斯基四重奏》。但后者也已经开始打动行家了，虽然是以一种稍冷漠的方式。1808 年间，在维也纳，他面向公众的作品演奏会不少于三十二场，而海顿只有五场，莫扎特只有两场。他宏伟有力的新作《第

① 伊格纳茨 · 莫舍勒斯（1794—1870），捷克作曲家、钢琴家。

五交响曲》注定会成为像《英雄交响曲》一样的大热门——要是《第六交响曲》对于维也纳乡村的美妙描述不能比它更俘获听众的话。

实际上，贝多芬对于1809年新年搬到威斯特法尼亚的想法并不认真，这就像考虑要搬去葡属东非一样不靠谱。他只是在再次树立起自己维也纳文化偶像的形象，而且是出于迫切的财政理由才这么做的。这是一个所有成功人士都面临的尴尬——现金流不足的问题。

在很大程度上说，这个问题是他自己造成的，因为他在《费德里奥》上面投入了大量的精力，而且都没有得到回报，再加上对利赫诺夫斯基亲王恩将仇报，而亲王多年来一直都对他非常慷慨。这两个人后来又恢复了友谊，但是利赫诺夫斯基没有任何再度打开钱包的迹象。再者，克莱门蒂承诺的英镑也还没到账，而且奥珀多夫伯爵欠了他一百五十达克特。贝多芬也豪赌了一把，为音乐会雇了阵容庞大的演出人员——四位独唱歌手，整支合唱队，还有超常规模的管弦乐队。至于门票的“收入”他拿了多少，我们不得而知，但是鉴于天气和记载中出现的空座，可能数量很少。

在一位自由作曲家的职业生涯中，这种判断失误和运气不好同时出现的巧合是在预料之中的——还没有哪位作曲家有过他这种自由。如果不是贝多芬的钱由于维也纳银弗罗林的贬值而缩水的话，他毫无疑问很快就能恢复过来。这次的通货膨胀乃是与拿破仑打仗的长期消耗造成的，除了影响他之外，也开始对奥地利人产生影响，陷入困难。这也解释了为什么他发现跟赞助人和出版商讲价同时都变得更艰难，而且他们付钱也比以前迟。

他那基于对自我价值极为敏锐的本能，让他停止了讲价，转而开始威吓别人。在一封他确定布莱特科普夫与黑特尔出版社会将内容泄漏给全德意志的信里，他宣布他将会去卡塞尔“担任乐长并获得一年六百达克特金币的工资”。现在只缺热罗姆国王的正式任命函了。只要它一到，他就会开始打包行李。接着，他又进行了一番巧妙的形象管理：

> 关于我新近的音乐会的恶意文章，也许还会从这里传出，在《音乐报》等地出现。我当然不想让那些攻击我的文章被压制下去。但是人们应该记住，在维也纳没人有我这么多的私人仇家。在这里的音乐状况越来越差的形势下，这就更容易理解了。

在接下来的信中，他承认《合唱幻想曲》的演奏“在世上最简单、最平常的地方”中断了，为此“我立即叫他们停了下来，并大声喊‘从头再来’——这样的事情对他们来说，以前还从没发生过。”但是在一座被像安东尼奥·萨列里这样的人控制的城市里，你还能做什么呢，他可是国王手下极端保守派的乐师啊。

贝多芬这封信的潜台词很明显：只有他能拯救维也纳的音乐，使它不因战争的羞辱和低档意大利歌剧的泛滥而衰微。但是他已经不想赤手空拳地面对“敌人”了。除非他们给他地位和影响力，不然他将把自己的天才带到别处去。

在把信寄往莱比锡之前，他又加倍仔细地传播了它的主要内容——在信封的背面写着：“我在此请求，在我写信告诉你们我已经收到任命函之前，请不要就我在威斯特法尼亚任职一事发布任何定论。”

贝多芬当时正住在克鲁格街伯爵夫人安娜·玛丽亚·埃尔德迪拥有的一栋房子里，她是他最热心的崇拜者之一，而且这个住处就在利赫诺夫斯基新公寓的楼下。有一个画面是传记作者应该克制自己才能不去想象的：这封信被底朝上放在大厅里的银质托盘中，等待被寄送出去，但是埃尔德迪伯爵夫人确实立刻就开始疯狂地行动，要把贝多芬留在维也纳。与冯·格莱兴施泰因一起，她动员了城里最有钱的几个赞助人，希望能商讨一个他无法拒绝而且威斯特法尼亚国王也无法竞争的年俸。

在他事业的这个关键时刻，我们可能应该审视一下“贝多芬英雄”的神话，一个人靠着不可阻挡的天赋在贫困中成才，有能力拒绝亲王和有钱人，成了第一位自豪而独立的中产阶级音乐“天才”。虽然说这是个神话，但并不是没有事实根据的。虽然“英雄”和“天才”是当今谈起他的流行词，但是贝多芬与耳聋的长期斗争，还有他那更漫长、更艰辛的为了“把作品写得完美”的斗争——正如叶芝把艺术当作生活的抉择——其英勇程度可以跟弥尔顿与失明的斗争，或让·穆兰与法国维希政府的斗争相比较。而且如果他的创造力、高产力和想象力的范围还不足以让他成为“天才”，那我们可能得创造出我们语言中尚不存在的、新的最高级词汇来描述他。贝多芬在1795年能承担放弃舒适生活的后果，再后来，他又大声地说某些贵族是驴子和笨猪，这实际上都是以某种方式宣告自己的独立。

但是正如梅纳德·所罗门，特别是英国社会学者蒂亚·德诺拉指出的，贝多芬从来都不是资产阶级价值观的拥护者。“我是不为那些平庸之辈写曲子的！”他这样对冯·布劳恩伯爵说道，这位绅士告诉他《费德里奥》应该写得更取悦大众。贝多芬可能更多地是在宣告他自己和他偏爱的听众之间互相依存的关系，他们是那些出身高贵、教养优良、极为精明的维也纳富人。就像他需要他们的钱和私人音乐厅（他觉得比公共礼堂更合他意）一样，他们也需要他来给予他们一种高于财富的集体价值。在他的赞助人中，没有一个是暴发户，也从不是约瑟夫国王那样的偏左派。实际上，约瑟夫去世之后——啊！死了！——他们几乎全都倒向了右派，在拿破仑主义的威胁下苦苦支撑。

利赫诺夫斯基、洛布科维茨、拉祖莫夫斯基、埃尔德迪、布劳恩以及布朗家族里的那些人，“亲爱的、迷人的”朱列塔和贞洁得令人遗憾的约瑟芬，高贵的施瓦岑贝格亲王，和善的金斯基亲王，还有许多其他的贵族，从安东·奥波尼伯爵到“出身最最最高贵的冯·兹梅什卡尔先生”——他们才是贝多芬最理想的作品订购人，他作品题献的接受者，他那些冷笑话的嘲讽对象，也尽情享用着他那些罕有但机灵的奉承话。即使当他侮辱他们的时候，当他表现得像个赖在他们家不走的人，像个缺心眼的莽汉，对着他们镀金的镜子吐口水的时候，他也满足了社会名流普遍渴望身边能有一个跟他们不一样的“真实的”人的愿望——一个“天才”,一个生性散漫的怪人（不同于拘谨而恭敬的海顿），一位全心追求“更高水准”的音乐的“艺术家”，这本身就是所有艺术中最崇高的。

他们资助他绝不是因为他们是外行爱好者，正如他与他们相交并不只是去敷衍地合演一下——这“合演”可是货真价实的，因为他们大多数人自己就是经验丰富的音乐演奏家。利赫诺夫斯基公主，和她丈夫一样，都拜过莫扎特为师，她只看了一眼《费德里奥》的乐谱就能改出错误来；莫里茨·利赫诺夫斯基伯爵是一位钢琴家，日后成了肖邦的朋友；洛布科维茨亲王是男低音歌唱家，也是弦乐演奏家；拉祖莫夫斯基经常以第二提琴手的身份演奏自己写的四重奏；兹梅什卡尔是大提琴演奏家；埃特曼男爵夫人是全欧洲最优秀的钢琴家之一，能弹贝多芬写的任何曲子，包括极难的《瓦尔德施泰因奏鸣曲》。他认识的其他显赫人士包括剧作家、藏书家、舞台制作人和作曲家。

甚至连老一代的凡·斯威特恩男爵曾经也写过十二部流露年轻气息的交响曲——“跟他本人一样死板。”海顿曾这样开玩笑说。

正是这位男爵——此时已经过世了——在1793年的时候让贝多芬这位内夫和瓦尔德施泰因认定的“天才”走上通向成功的路。我们应该还记得他督促这位年轻人学习赋格，还邀请其到自己的宫殿里过夜，他家里聚集的可都是当时城里最优秀的人。除了担任帝国图书馆馆长和奥地利教育部门的权威，他还创建了骑士联合会（*Gesellschaft der associierten Cavaliere*，简称为GAC），一个成员仅为贵族的艺术资助团体，让人想起曾经在波恩让贝多芬运势大增的读书会。

因此，贝多芬从他事业的最开始就是那些知识阶层、特权阶层和权贵阶层的宠儿。所以，那些制造神话的传记作家一致声称他是一路打拼才登上帕尔纳索斯山，这样的说法按德诺拉的话来说，其实是在“神化天才”，而且忽视了他的成功一定程度上其实“是社交调停的产物”。

贝多芬在维也纳的几乎所有支持者都是骑士联合会的成员。他们将保护和演奏过去的优秀音乐视为自己的使命，同时也鼓励当今的音乐发展，使之能够同样激励未来的世代。贝多芬在给布莱特科普夫的泄密信中写“这里的音乐状况越来越差”，他可能是在引用城里某位贵族的话，后者认为伊曼努尔·席卡内德想引到维恩河畔剧院的那些普通民众给音乐带来了庸俗化的威胁。他们理想的听众仍然还是那一群人，遵守着同样的礼仪，同时通过反复听“更高等的流派”的杰作来提升自己。

对贝多芬来说，他也绅士般地给予了他的支持者们应得的尊重。对每一部新作的题献人他都会仔细思量，程度不亚于他考虑它的调性和速度指示。他的第一交响曲献给了凡·斯威特恩。到 1809 年 1 月之前出版的作品里，他选择的六十一位其他被题献的人中，有五十三位，也就是百分之八十七的人，都是有封号的贵族。虽然这样的举动看起来是献媚，但实际上它与生意事务紧密相关，因为对于作曲家而言，题献是获得收入的主要来源。有些贵族甚至还竞价，只为自己的名字能与他的名字同时用花体字写在一首奏鸣曲或协奏曲的题名页上。

再次说明，这个现象表明了一种互相依赖的关系，双方都保有自尊，与那种单一依靠市场卖乐为生的雇用音乐家有极大的区别。与莫扎特和海顿不同，贝多芬从不允许自己被“收买”。当拉祖莫夫斯基伯爵请他在第 59 号作品中加入俄国旋律的时候，他选择的那些隐晦的民歌片段根本就听不出来。只在第一部分的末尾，他允许少许柔和而伤感的俄国旋律进入一些小节。我们似乎可以看见大使俊美的脑袋随之摇晃，紧接着，贝多芬就用一个急促的旋律结束了整个部分。

鉴于他与维也纳的音乐界的核心阶层有如此的友好关系，他却不遗余力地用“接受”热罗姆国王的任职来威胁这一关系，这不禁让人觉得奇怪。但是他的财务困难也确实是个问题，而且时局多难。令人难以置信的是，奥地利又重新武装了起来，决心撕毁《提尔西特条约》，准备与法国再来一战。如果拿破仑再次入侵，弗罗林的不稳定性肯定会更加严重，到时候可能连亲王们也得担心自己的资产安全了。骑士联合会主导的宫廷剧院理事会拒绝给他津贴的事情已经是个不祥的预兆了。

鉴于贝多芬的自恋倾向，他可能觉得他的赞助人如今对他的存在变得太不感恩了，他们一定是认为他现在到了中年，经常生病，而且听力又不好，肯定不会考虑一个外国的职位。如果是这样的话，埃尔德迪伯爵夫人的警告已经足够让他们从自满中清醒过来。三位地位很高的贵族很快聚到一起，给贝多芬提供了一份高达四千弗罗林的有保障的年薪，前提是他承诺永不离开“伟大的奥地利皇帝”的领土。

拟定于 1809 年 3 月 1 日的合同上，恭敬的措辞保证，只要他这样做，就将“向凡·贝多芬先生提供这样的条件，使他不必为生活的必需品烦恼，他强大的天才不会因此受阻”。在音乐史上，它第一次毫无保留地确立了一位艺术家在社会上的至高地位。收到这份合同——加上拒绝热罗姆·波拿巴——给予他一种情欲上的快感。

“您从所附上的这份文件上就能看出，”他在给格莱兴施泰因的信里这样写道，“我继续留在这里对我来说将是多么荣耀的一件事……现在您可以帮我找个妻子了。在弗［弗莱堡］您应该能找着漂亮姑娘，您现在不就在那里嘛，找个也许时不时能对我的音乐赐一声叹息的姑娘吧。”

他所感受到的兴奋还要更多，因为这份合同的副本是皇帝最小的弟弟鲁道夫大公亲自交到他手里的。鲁道夫也是该合同的签署人之一，他每年付出一千五百弗罗林，签署人还包括每年付七百弗罗林的洛布科维茨亲王和付一千八百弗罗林的金斯基亲王。让哈布斯堡家族的一员签署并送来这份庄重的保障合约，对贝多芬来说，这就等于来自皇帝的任命。虽然如今已被公认为“天才”，但乐长凡·贝多芬的孙子仍发自内心地深深渴望得到宫廷的恩宠。

大公刚满二十一岁。他已经跟贝多芬很熟了，跟贝多芬学了至少一年的钢琴。他是一位很有天赋的音乐家，对琴键的优秀操控力让他能弹老师写的大部分奏鸣曲，他还想学习作曲。他跟贝多芬的关系有些别扭，但是极为亲密，混合了学生与老师、男孩与男人、贵族与平民的情愫。鲁道夫是一个面无表情、性格温和的年轻人，眼睛小小的像是没睡醒，长着哈布斯堡家族的典型下巴，不过在他身上是宽下巴而不是长的。他饱受癫痫症之苦，而音乐是他的救赎。作为神圣罗马帝国皇帝最小的儿子，他显然是天主教高级神职的理想候选人。

为了答谢大公的慷慨，贝多芬把一首就快写好的《第五钢琴协奏曲》给他练习。它应该不止从一方面挑战了这位年轻人的能力，因为在协奏曲创作史上还从未有人写过这么长、这么难的东西。贝多芬本人不会在公开场合演奏它。[①]这部选用降 E 大调 ——《英雄交响曲》的金色调性 —— 的协奏曲精确地满足了年薪合约的希望，那就是他将“创作出崇高的、使艺术得以升华的重量级作品”。

它也表现出了在贝多芬创作思想中慢慢浮现的一个怪癖：他某一部重要的作品之后总会有与之成镜像的反面作品。就像是充满雄性荷尔蒙的《普罗米修斯变奏曲》催生出女性气质的《变奏曲，Op. 35》；《英雄交响曲》之后产生的那首绝对不含英雄气息的《第四交响曲》；同样还有开阔的《瓦尔德施泰因奏鸣曲》孕育的《F 大调奏鸣曲，Op. 54》——它只有紧凑的两个乐章，像是一只小珠宝盒子；另外那地热喷薄的《第五交响曲》，也在《田园交响曲》里溪流的叮咚声和鸟儿的鸣唱中平息了下来。如今的《第五钢琴协奏曲》就是这样继承了《第四钢琴协奏曲》——一首晶莹剔透的精巧之作，很像是约瑟夫二世继承了玛丽亚·特蕾西亚，它以一种激荡的方式展

① 1808 年 12 月他参与演奏《合唱幻想曲》是他作为独奏最后一次与管弦乐队一起表演。——原注

现了力量之美。虽然这部作品献给了鲁道夫大公，但是它不可避免地被人们称为“皇帝”。

此外，除了另外一部即将出现的例外作品，它是贝多芬“英雄主义”的最后一项成果。在他的风格发生深刻转变之前，他还会再写一些更奢华宏大、旋律更华丽的作品。但是它们都缺少《皇帝协奏曲》嘹亮的号角声和进行曲、它那征服一切的独奏和高声颂扬的合奏。甚至在贝多芬写结尾高潮的时候，他也允许它崩塌下来，好像疲惫和像是恐惧的什么东西涌了上来：速度逐渐慢下来，几乎进入凝滞状态，伴随的鼓声也一拍比一拍弱。接着，他以一个告别的华彩乐段和乐队里的小号，告别了他威武的大军。

他也得跟鲁道夫告别。4 月 9 日，奥地利对法国宣战，大公的三位兄长都被派往前线的指挥部。鲁道夫还太年轻，不能为战事参军，但是到了 5 月 4 日，法国军队（还能有谁比他们更理解“似曾相识”这个词的意思？）再次包围维也纳，余下的皇族成员必须得离开这里了。一周之后，可怕的炮轰让维也纳天摇地动。城堡上的炮火回击，隆隆炮声持续了十七个小时。一枚炮弹落在了垂死的约瑟夫·海顿家的后院里。贝多芬绝望地想保护自己仅剩不多的听力，在卡斯帕的地窖里用枕头紧紧捂住脑袋。5 月 12 日，“伟大的军队”再次占领维也纳，拿破仑也舒服地住进了他如今已经熟悉的美泉宫。

这个月的最后一天，传来了海顿去世的消息。贝多芬没有对此发表任何私人或公开的评论。他跟“爸爸”早就已经达成和解了，他曾在一场《创世纪》的致敬演奏会上含泪吻了这位老人。他们曾嫉妒彼此，也从彼此身上学到很多，所以他们交换的拥抱，对某些人来说，象征着一种传承。但是贝多芬已经走入了海顿无法追随的音乐境界。

所以，在创作一首以离别为主题的钢琴奏鸣曲新作时，他用“*Le-be-wohl！*”（再——见——了！）的音节覆盖了三个起始音，但他想着的并不是他的老师，而是他的学生，那位刚离开维也纳的才华横溢的男孩。这部作品现在就是人们所知的《告别奏鸣曲，Op. 81a》，洋溢着朝气蓬勃而又笨拙的热情，交织着饱含忧郁渴望的乐段。贝多芬这个通常偏爱抽象表达的人，在第一乐章的尾声给自己留了一个秘密的乐段，让模拟的远近不一的号声，在越来越宽广的空间里彼此回应。

那年夏天法军的占领让贝多芬有了第一位来自巴黎的朝圣者，路易－菲利普·德维耶内[①]，拿破仑的委员会中资历尚浅的一位成员。这位年轻人发现贝多芬独居在沃尔菲舍街的寓所里，境况堪忧：

> 你可以自己想象一下世界上最脏、最乱的地方：天花板上布满因潮湿而起的霉斑；钢琴十分老旧，灰尘与许多乱放着的乐稿——印刷好的和手写的都有——在上面挤成一堆；钢琴下面（我没有夸大事实）是一只没倒空的尿壶；在它的旁边，是一张核桃木小桌子，已然习惯了它上面的写字台经常被撞倒在地；还有许多墨渍结成了壳的笔……此外还有许多音乐作品。椅子呢，大都是藤椅，上面全都堆满了盛有前一天晚餐剩饭的盘子，以及衣服等等。

① 在大多数关于贝多芬的文献里，这个人被草率地误认为德特雷蒙男爵。——原注

尿壶和盘子的存在说明贝多芬的女佣那天休假，但是之后许多年里的其他朝圣者也都会评论说他住的公寓越来越邋遢了。

他被德维耶内迷住了，这人似乎知晓他所有的作品，他也鼓励其继续来拜访。一天，他请德维耶内听了一场私人钢琴独奏。“我只能说，”德维耶内后来写道，“除非你听到他在状态良好且放松的时候即兴演奏，否则你根本无法猜测他天才的浩瀚深度。”

贝多芬对去法国开巡回演奏会的想法反应谨慎，即便能实现和平。“如果我去了巴黎，我是不是必须向你们的皇帝行礼？”

德维耶内认为，如果拿破仑不命令他的话，他是不用行礼的。

“你觉得他会命令我吗？”

这个问题听起来更像是一种渴望，而不是忧虑。德维耶内察觉到如果需要的话，贝多芬会不惜以自尊冒险去获得拿破仑的关注，于是尽可能巧妙地回答说：“他对音乐懂得很少。”

拿破仑 7 月初在瓦格拉姆打赢的战役是迄今最血腥的一场，双方死伤都很惨重，法国现在跟奥地利一样需要和平。但是法国对维也纳的占领一直持续到 10 月 14 日在美泉宫签署和平协定之后才结束。对贝多芬来说，这是一段悲惨的时期——他大多数出身高贵的朋友们都离开了维也纳，但是他仍然以惯常的勤奋在工作，完成了三部钢琴奏鸣曲、一部弦乐四重奏，还有一些次要的作品，另外包括十五首歌曲和写给鲁道夫的一大本对位法练习书。

到 11 月 20 号，最后一批外国军队才撤离完毕，留下处于自由落体状态的经济。根据和平协议的规定，弗兰茨一世要交出八千五百万法郎作为战争赔款，同时还失去了所有沿海领地的收入及三百五十万臣民的忠心。鉴于斯特凡 · 冯 · 布罗伊宁此时在战争部当秘书，贝多芬肯定感受到了哈布斯堡王族面临的悲观的财政局面。

他的年俸已经贬值了，就购买力来说，要低于热罗姆·波拿巴开出的六百达克特。“你还能对这种死一般的和平说什么呢？”他在给布莱特科普夫与黑特尔的信中写道，“我已经不指望能看到任何稳定了……我们唯一能依靠的确定性就只有听天由命了。”

这种悲观主义也许能解释他在不得不为宫廷剧院重演歌德的《艾格蒙特》写配乐的时候，在“英雄主义”的音乐里混进了一种敷衍的成分。贝多芬尽责地用他最擅长的小调转大调和大幅极渐强激起了胜利的高潮，但是在他的事业生涯里，他第一次听起来像是在重复自己。如果真是像丹麦文学批评家格奥尔·布兰德斯所说的那样，德意志浪漫主义的热切抱负到了拿破仑时代本身现形为一种“伪装成力量的无能”，贝多芬已经意识到了其中的虚假。

鲁道夫回来了，急切地渴望重新开始学习，因此贝多芬的创造力此时大都用在了如何编造借口解释他们为什么不能更频繁地会面。虽然他很喜欢大公，但是他痛恨教学。交谈对他来说是件困难的事，而且他对年轻人也缺乏耐心。

他甚至对作曲也表现出了厌倦，缠着他在布莱特科普夫的编辑给他寄歌德和席勒的全集——他似乎以为它是各家出版社的交流站，还有其他一些他们想得到的作品，不管是古代的还是当代的：“对我来说，没有什么专著能专业到我不懂的程度。”他读了欧里庇得斯的悲剧，同代的德国剧作家约翰·奥古斯特·阿佩尔的诗歌，而且还发现自己被印度教方面的书深深吸引。他对同辈人的音乐从来就没什么兴趣，于是研究了巴赫、亨德尔以及他们的前辈的作品。“在古老的教会调式中，虔诚是神性的表现……希望上帝有一天能允许我将它表达出来。”

这种学术冲动，加上创作力的突然衰减，都加深了人们的印象，觉得步入生命第四十个年头的贝多芬进入了更年期。他的笔记本上开始写满枯燥无味的想法。在有的场合，他试图即兴弹奏点什么，却弹不出来。应该不只是“死一般的寂静”在侵扰他的灵魂。

有可能是性饥渴造成的。从贝多芬拒绝卡塞尔的职位到1810年春季期间，在他生活的模糊记录里漂浮着关于他欲望与失落的事后还原画面。一些事实和半是事实的事情可能并不直接相关，不过回顾时会发现它们在时间上相互联系，而且主角是同一个人。

就在埃尔德迪伯爵夫人开始作为代表为年俸合约而奔走活动的时候，贝多芬听说她在偷偷给他的男仆涨工资。他幻想（梅纳德·所罗门如此诊断）她给男仆钱是为性的缘故。他在《皇帝协奏曲》的草稿里这么写道：“你从我手里接受了仆人而放弃了主人……他是替补！！！！”不久之后，他就从“那个唯利是图的女人”的房子里搬到了沃尔菲舍的公寓里，而且他明明知道那里有一家妓院。他让冯·格莱兴施泰因给他找个漂亮姑娘来结婚，还附上了一条奇怪的警告：“我无法爱不美的事物，要是没有美的话我就只能爱我自己了。”就在那时，斯特凡·冯·布罗伊宁那才十几岁的迷人妻子尤丽叶过世了。贝多芬正说服自己尤丽叶爱的是自己，因此忙得没时间安慰他那心碎的朋友。（我们可以回忆一下他对朱列塔·圭恰迪相似的错位感情。）鲁道夫走了，伴随着贝多芬在《告别奏鸣曲》中清晰的号角旋律。再——见——了！年轻的德维耶内抚慰了他的孤独，但后来也离开了。再见了！拿破仑也是，来了又走，无视了听贝多芬指挥《英雄交响曲》的机会。再见了！

在1809年至1810年的冬季里，贝多芬被一个十八岁的少女迷住了，她叫特蕾泽·马尔法蒂，是他的医生的女儿。为此，他写的歌曲多得像洪水一样涌出来。他借了一面镜子，买了新衣服，还急切地要求在波恩的韦格勒找到他受洗证明的副本，结婚的时候好用。（就是这时，他第一次发现——并且拒绝接受——自己比一直认为的要老两岁。）特蕾泽的反应并不热烈。当春天回到维也纳森林的时候，贝多芬在狂喜和自怜间摇摆。“我应该是……世界上最幸福的凡人，要是那个魔鬼没占据我的耳朵的话。”他跟性感的贝蒂娜·布伦塔诺调情，但无法像歌德那样问她能不能抚摸她的胸。[1]然而，他把自己比作赫拉克勒斯。1810 年 5 月，特蕾泽拒绝了他。“再见，尊贵的 T.。”他这样写道。

对贝多芬这些“疯狂的行为”（用他自己的话说）不能太当真。它们更像是一种滑稽的模仿，而非真事——大部分是消遣，为了再次向他自己确定：他还是孤单一人比较好。“强大的人，”他在一篇印度教作品中做了这一注释，“能挣脱所有欲望的束缚。”但是接下来，因贝蒂娜·布伦塔诺而来的一次意外邂逅，给他带来了不能承受的欲望之苦。

贝蒂娜是位令人着魔的年轻女子，她将会作为贝蒂娜·冯·阿尼姆——《歌德与一个孩子的通信》的作者留名于世。在 1810 年的春天，她与哥哥弗朗茨——一位来自法兰克福的银行家，以及他的奥地利妻子安东妮一起来到了维也纳。本地人都记得这位布伦塔诺女士，她以前是他们的“托妮”·冯·比肯施托克，是城里最有钱的一位艺术品收藏家的女儿。老约瑟夫·梅尔西奥·冯·比肯施托克刚刚过世，对于安东妮来说，回到老家并且清算他那巨大豪宅里的藏品是一件忧喜参半的事情。作为一个在维也纳出生的人，她从来都没

① 这个有趣的故事是罗曼·罗兰在他的《歌德与贝多芬》（纽约，1931 年）中讲出的。——原注

习惯北方阴冷的气候，没人怀疑她会尽量把做藏品清单的过程拖得尽可能长：房子里的存货足够办三四个博物馆。多亏了贝蒂娜——这位女孩总是手牵手跟她最新征服的任何名人一起冲进餐厅——布伦塔诺女士很快也成了贝多芬的“托妮”。

也多亏了她冷静、坚强的性格，他很快就忘记了贝蒂娜、特蕾泽、约瑟芬、朱列塔以及其他所有他曾挂念过的女子。梅纳德·所罗门不容置疑地证明了安东妮·布伦塔诺在接下来的两年当中，成为贝多芬著名的“不朽的爱人”——一千份专著和论文猜测的对象。

1810 年 5 月，她正好三十岁，是四个孩子的母亲，也是专家级的吉他演奏家。苗条、苍白、纤弱而且总是周期性抑郁的她，可能让贝多芬想起了他的母亲。她以她自己那种冷静的方式（不同于贝蒂娜的热烈），不仅欣赏他的音乐才华，也欣赏他本人的品格：他的勇气、好奇心和炽烈的热情。她不太可能与他发生过肉体关系。就算安东妮不爱弗朗茨，她也是一位忠诚的妻子，而性格温和的弗朗茨也几乎把贝多芬当成她的哥哥对待。

这段罗曼史并不是立刻就开出花朵的。一开始，贝多芬依然对贝蒂娜更感兴趣，她在给歌德的一封信中用了很长篇幅描述他。这位伟人可能难以相信，贝多芬居然能自负地说：“我是那酒神巴克斯，为人类榨出了这上好的佳酿，让他们的灵魂狂醉。”不过，在贝蒂娜华丽的辞藻当中，仍有足够可靠的信息令歌德产生了兴趣，想见一见这位写出《田园交响曲》的作曲家。她所描述的那个人对音乐如痴如狂，从拂晓工作到天黑，还常常忘记吃饭；他选择孤身一人；他不仅被诗歌的意义，也被它们的韵律所打动；他对自己艺术创作的永恒价值有绝对的信心，而且还声称音乐是“理智生命与感官的调停者”。

歌德回信说：“请向贝多芬传达我最衷心的问候，也请告诉他我很愿意为结识他而做出牺牲。”他建议他们可以在卡尔斯巴德碰面：“我几乎每年都去那里。”当贝蒂娜跟贝多芬说起这事的时候，他态度也很积极，但也同样模糊。德意志的两个文化超我的存在显然都在试探对方，都不想表现得太热切。

巧合的是，贝多芬在那个文化中的地位在那年得到了首次权威的肯定，在 E. T. A. 霍夫曼的一篇发表于 7 月 4 日和 11 日的《大众音乐报》的评论《第五交响曲》的文章里面。霍夫曼——这位作曲家、评论家、画家、法学家以及寓言家——那时还不是著名的幻想故事作家，但是他的乐评得到了读者广泛的阅读和讨论。这一篇文章写在肖邦和舒曼出生之后不久，因其称赞贝多芬的音乐“是永不止息的渴望，是浪漫主义的精华”，而成了经典之作。

在特别提到《第五交响曲》的谐谑曲与终曲之间令人感到幽闭恐惧的连接部分时，霍夫曼说它是“一种紧箍住胸口的恐惧”被“明亮炫目的阳光”一扫而光。撇开意象不说，霍夫曼在贝多芬的音乐里听到了新的东西，那是一种形而上学式的延展，超越了由纯粹声音带来的愉悦，接近对话式的论证。这就是它更适合用交响曲而不是歌曲来表达的缘故。开篇乐章里几乎没有什么旋律：只有不间断重复的四个音的主题，像代数里的公式一样，推进着和声逻辑。这一主题还出现在了其后每一个乐章之中，将它们联系得异常紧密，让第三和第四乐章实际上组成了一个宏大的单一结构。这种对推进过程的坚持解释了为什么贝多芬不能得到（霍夫曼这么觉得）大众的喜爱。由于跟不上他，大多数人都觉得他的音乐极富想象力，但是听起来很混乱。

这一点贝多芬曾经对冯 · 布劳恩男爵说过：“我是不为那些平庸之辈写曲子的！”但是，说他不是个天生的声乐作曲家这一点肯定让他很受伤。这就像是对着《费德里奥》的尸体又踢了一脚，而且还忽视了《基督在橄榄山上》获得的成功。也许正是由于这个原因，贝多芬十年之后才对霍夫曼的评论表示感谢。

不过，终于有一个既懂文学也懂音乐的人能把他所带来的音乐革命阐述清楚。激情的时代已经过去了，用理性化模式组成熟悉的声音去唤起某种特定情感的时代结束了。论证的时代已经开启：一种居然与自身斗争的音乐，作曲家要拼命去平衡它相互矛盾的各方力量，而且演奏者也得拼命去征服它的难度——同时听者也被卷入了斗争，还会猜想最后究竟会是哪一方获胜。《第五交响曲》和《热情奏鸣曲》都以不祥的音乐开篇：谁能想到一个最终以激烈的胜利收尾，另一个将以虚无主义的狂热落幕？甚至连贝多芬最平静的音乐，例如《第四交响曲》，也可以看出是经过艰难斗争取得秩序的结果。可是，在这所有秩序之中，那慢乐章所激起的感情是多么深刻，是多么原始，根本无法描述，更不用说指明它是什么了！

霍夫曼说的"*Ahnungen Ungeheuren*"——F. 约翰 · 亚当斯将其译为"a presentiment of the colossal"（巨大之物来临的预感）——就试着在描述这种东西。它将德语用到了极致，表达了他所感受到的浪漫主义之魂。（对于那个时代的英国人来说，华兹华斯的"失落、消亡的一切"也可能表达这个意思。）贝多芬本人也让他的交响乐充满那些"永恒、无限的东西，一些不能全部被理解的东西"——或者是贝蒂娜 · 布伦塔诺觉得自己听他说过这些话。就算这位极富浪漫主义色彩的年轻小姐表达的是她个人对贝多芬音乐过早的回应，但在那个夏天，她跟 E. T. A. 霍夫曼的想法是一致的。

贝蒂娜很快就去了柏林，嫁给了年轻的作家阿希姆·冯·阿尼姆。安东妮留在了维也纳。经常生病的她因贝多芬造访比肯施托克府邸的热情十分感动，就算有时候她不能见客，他也会来。他不管屋里的其他人，独自坐在她卧室的接待室里的钢琴边，像她所说的“以他自己的语言”跟她交流。当他“说完了一切，给予了安慰之后”，他就默默地走了。

到 1811 年新年的时候，她已经痴迷于他。“他像是行走在凡人中的神，”她在写给哥哥的信中这样说，“他超然的气质与世俗的人间形成对比，并且他的消化疾病只会短暂地让他烦恼，因为缪斯女神会拥抱他，把他紧贴在她温暖的心口。”这里提到的肠道问题与 1 月 8 日《大众音乐报》的一篇报道的内容相吻合，它里面提到贝多芬的健康“在过去几年里遭受了严重的损害”。两个人的身体都这么虚弱，这也可能是让他们彼此吸引的另一个原因。

但不管是腹泻、头疼，还是令人分心的爱情都没能阻止贝多芬在 3 月完成有史以来最恢弘的钢琴三重奏。显然他已经从灵感枯竭的状态中恢复过来了。这部作品献给了鲁道夫，因此也被称为《大公三重奏》，它相当于《皇帝钢琴协奏曲》的室内乐版本，同样充满了金色的旋律。两部作品以它们的慢乐章，让人有相同的怀疑：还能有比它们听起来更优美的音乐存在吗？这个怀疑当然是错觉，但是它在乐章渐渐止息之后——各自都以神秘的方式——仍然萦绕不去。

贝多芬与歌德庄严的相互挑逗仍在继续，双方都来来回回写了些满是华丽的赞美的信。歌德希望贝多芬先生方便的话去魏玛与之见面。贝多芬希望“阁下”能好心就《艾格蒙特》发表点评论，布莱特科普夫与黑特尔出版社正要另外给他寄送一份谱子。不幸的是，出版社在做乐谱副本的时候拖拖拉拉的，贝多芬也让歌德的邀请自行过期了。

不过，他在 8 月的时候打破了惯例，去了一趟特普利采，去试试波希米亚的泉水是否能缓解他的肠胃不适。由于布伦塔诺一家常常在附近的卡尔斯巴德消夏，他去那里也可能是为了见安东妮。在沐浴的间隙，他完成了在布达佩斯上演的两部戏剧的配乐（《斯特凡国王》和《雅典的废墟》），还开始写《第七交响曲》《第八交响曲》的草稿。后两部作品将耗上他一年多的时间。在 1811 年末，他写了一首令人心碎的歌《致爱人》，并且把乐谱给了安东妮。她从这曲子里得到了什么讯息，我们只能靠猜测了，但是在钢琴伴奏部分，贝多芬额外加入了一行罕见的吉他谱。

那年冬天很大一部分时间里，他还是病着，而且奥地利货币的灾难性贬值让他极度抑郁。这已经令他的年俸缩水了三分之二。更糟的是，洛布科维茨亲王和金斯基亲王每个季度付款时，也显得拖拖拉拉的，有时候还干脆不付钱了：有谣言说洛布科维茨已深陷财政危机。接着，在 1812 年 2 月 12 日，《皇帝协奏曲》在维也纳首演，卡尔·车尔尼独奏，但是遭遇了惨淡的失败。

总之，这个冬天，贝多芬过得并不高兴。但是如果要找出世俗忧虑与音乐创作之间绝无关联的证据，那么他《第七交响曲》的乐谱就是一例，它完成的时候，这段黑暗的日子也刚过去。费利克斯·门德尔松曾说："它听起来多么美妙啊！"它比贝多芬其他所有的作品都更宏大、更有气势、也更响亮，有异常高音的圆号和跃动的弦乐低音，这部作品就是一次超人能量的持续爆发。而在它之后不久完成的《第八交响曲》，跟平常一样，是它的反面作品，篇幅小，诙谐有趣。但是它情绪高昂奋进（包括一些故意吹走音的响亮的"走板杂音"），不禁让人觉得可能是"托妮"终于同意跟贝多芬睡觉了。

事实上，当 1812 年 7 月 7 日他再次跟着她来到特普利采的时候，还带着完成了一半的《第八交响曲》手稿，她还怀着弗朗茨·布伦塔诺的一个孩子。何况，她已经彻底结束了对父亲资产的清理工作。随着秋天的到来，她会把维也纳的大房子封起来，永远地回到法兰克福去，她的忠诚——哪怕不是爱情——要求她去那里。

贝多芬在到特普利采前一晚，就开始写《致您，我不朽的爱人》这封情书了，在引用它的内容之前，有必要重复一下，直到现代我们才最终对收件人是安东妮·布伦塔诺下定论。梅纳德·所罗门对这一事件的调查最早发表于1972年，读起来就像是侦探小说一样激动人心。吹毛求疵的争论者们曾经偏向于认为她是约瑟芬·戴姆－布伦瑞克，甚至可能是艾什泰哈齐公主，但是这些猜测都包含了只有学术圈能容忍的牵强附会。所罗门的观点很详尽，虽在这里无法细说，但绝对能说明问题。同样的还有贝多芬那没有寄出的信，其中的激情在将近两个世纪后的今天仍然颤动着。一半是请求，一半是幻想，在这里它只能部分地展示出来：

> 我的天使，我的所有，我最真的自我——……为何当必要的需求萌发的时候，我会感到深切的悲伤呢——难道我们的爱除了通过牺牲、通过不向彼此要求所有，就不能持续吗；您能改变您不完全属于我、我也不完全属于您这个事实吗——噢，上帝啊，请关照本性之美，并用那必然发生之事慰藉您的心吧——爱情向人索求一切，而且我与您在一起，您与我在一起——这是非常正当的。只要您没忘记我必须为了自己，还有您，活在世上；如果我们能完全地结合，您将会体会到那痛苦是多么微小，如我所体验到的一样——……我们很快就会见面了……我心里满是想对您说的话，那么多——啊——有时候我也觉得言语

其实根本什么都不是——高兴起来吧——继续做我的真爱，我唯一的爱，我的全部，正如我是您的……

7月6日，星期一，晚上

您在受着折磨，我最亲爱的人——……啊，无论我在哪里，您也在那里——我会把我们之间的事情安排好的，好让我能与您一起生活。这是什么生活啊！！！！像这样！！！！没有您——我到处都被人类的良善所追逐——我在承受它的时候是多么不情愿——人对人的谦卑——这让我痛苦——而当我把自己与宇宙联系在一起的时候，我是什么，神是什么——我们称他为那最伟大的一位神——可是——人之中却也有神性——……虽然您那么爱我——我却还要爱您更多——但是请不要在我面前隐藏您自己——晚安——我正在泡澡，要去睡觉了——噢，神啊——这么近！这么远！……

7月7日，早上好

虽然还在床上，但我的思绪已经飞向了您，我不朽的爱人，我时而欢喜，时而悲痛，等着知晓命运是否听到了我们的声音——我只能与您一起才能完全地生活，不然根本活不了——……没有别人能再得到我的心了——永远——永远不会了——噢，上帝，为什么一个人要与他那么爱的人分开呢。而且我如今在维［维也纳］的生活真是太悲惨了——您的爱让我同时成了世界上最幸福与最不幸的人——到了我这个年纪，我需要的是安稳、平静的生活——我们的关系能实现它吗？……平静下来，只有平静地思考我们的存在才能达成我们共同生活的目标——平静下来——爱我——今天——昨天——我对您如此渴望得流泪——您——您——您——我的生命——我的所有——再会了。——噢，请继续爱我——请不要误解了您爱人最忠诚的心。

L.

永远是您的

永远是我的

永远是我们的

第六章　心灵的山峰

“一个真正的艺术家是没有骄傲的。”贝多芬在1812年7月17日给埃米莉·M.的信中这样说道，后者是一个音乐学生。他仍然在特普利采，泡着温泉，努力适应没有安东妮·布伦塔诺的未来人生。像许多孤僻之人一样，他觉得有必要对一个陌生人吐露心声。

“不幸的是，”贝多芬继续说，“他眼中的艺术是没有边界的；他阴郁地感觉到了他离目标还有多么遥远；而且就算他获得了别人的崇拜，他依旧会痛心，因为他还没达到那个境界，他更高的天才仍然像遥远的太阳似的，在那里闪耀着榜样般的光辉。”

如果埃米莉年纪不是只有十岁的话，她可能会给予他更多的理解。她只是作为仰慕者给他写了封信而已。但是现在，贝多芬却在自说自话。

他的《第八交响曲》已经写完草稿了，总谱很快也将完成，这样，他就按自己想要的数量写了些“公众”音乐。那过去十年里让他成名的高贵而宏大的风格，他已经不再能自然地写出来了。出现的是一种新的、内敛的、似有所指的风格，现在还没有完全成型，倾向于极度的浓缩，拒绝一切和声或旋律的甜美主义。在1806年的《拉祖莫夫斯基四重奏》中，在《瓦尔德施泰因奏鸣曲》和《告别奏鸣曲》

中，都可以看出端倪，而在他最新的 F 小调弦乐四重奏中，能看出的就不仅是端倪了——这部作品就像是腌过的核桃一样紧密、黝黑、苦涩。

要说贝多芬这时候已经进入了他音乐创作的“第三阶段”为时尚早。实际上，他正处在一次长期心理转折的早期剧痛阶段，这次不仅是风格的转变，还是从中年的早期过渡到晚期，并且他近乎肯定自己将孤身、全聋地终老。“对你来说，除了在自己的心灵中，在艺术中，没有别处可以找到幸福。”他这样写道，与十年前《海利根施塔特遗嘱》中的话呼应，“噢，上帝啊！给我力量让我征服自己吧，什么也不能束缚我的生命。”

在这十年剩下的日子里，许多来自音乐以外的困扰将威胁到他的安宁，甚至他的理智。有的传记作者说他在完成《第八交响曲》之后就创作力枯竭了，这样说是不公平的。虽然他产出的作品数量急剧下降，1817 年几乎降到了零，但是他的创作实验却比以前走得更远——从一首为安东妮的一个孩子写的钢琴三重奏，到受大众欢迎的曲目和有令人困惑的反差的奏鸣曲。

这部三重奏是单乐章作品（降 B 大调，WoO 39），献给了马克西米利安娜 · 布伦塔诺，它几乎实现了不可能完成的事，既照顾到一个小女孩的技巧能力，也没有落入客厅音乐多愁善感的窠臼。这种同时完美地让成人与孩童都陶醉其中的音乐，只有舒曼的《童年情景》能够与之媲美。它是给布伦塔诺一家的告别礼物的一部分，他们带着它，还有其他一些室内乐作品永远地离开了维也纳。贝多芬在其中的一些作品上写了“托妮”，但是没有给她正式的献辞。也许她理解他其实并不着急，而是还在等着写出一部能够与他对她的感情相匹配的作品来。

歌德和贝多芬那年夏天终于会面了，在特普利采和卡尔斯巴德至少见了四次。但是他们的谈话都避免了深刻的话题。起初，诗人对他印象深刻。“我从没见过比他更专注、更有活力、更‘*inniger*’的艺术家。”他在日记中这样写道，用了一个几乎无法翻译的德语形容词“*inniger*”，这是一个兼有内心正直和表达热烈双重含义的词语。在之后的一封信里，歌德对贝多芬多了一些批评：“他的天赋令我惊讶。然而，不幸的是，他是个完全未经驯化的人，如果他觉得这个世界可憎无比，那也无可厚非，但是他并未因此让别人和自己过得更快乐。”

贝多芬也同样失望。在1812年，特普利采挤满了前来度假的王室和贵族成员（他们都在谈论拿破仑入侵俄国的事情），而且他发现歌德很渴望与他们相交。“歌德对宫廷氛围有些过于热衷，远超出一个诗人应有的尊严。”他在给布莱特科普夫与黑特尔的信中这样写道，“当诗人，这些应该是他们国人最重要的导师的人，为了一些浮华荣耀而抛开一切的时候，为何还要嘲笑艺术家做的傻事呢？”

最后的这句话说明了贝多芬对诗人这个角色的信念——诗人应是道德和美学的榜样。他也立志成为这样的角色，他更偏向于称自己为音乐诗人，而不是作曲家。在事业的这一阶段，他坚定地相信，正如斯宾诺莎和席勒相信的一样，一位有创造力的艺术家，不应追求贵族的恩惠或是神的爱，而应去努力争取创作出能够激发并提升整个人类的具有理性美的作品。越是伟大的天才，他的本能也越正确。关于他自己的伟大和正确，贝多芬从来没有任何怀疑：“力量是杰出人物的美德，而且它也是我的美德。”

这种狂妄的态度在艺术的世界里并没什么不妥的，但是在日常事务当中却让他既无理又小气。卡斯帕·凡·贝多芬早就发现了这一点。现在轮到约翰去感受路德维希那令人吃惊的恶意了。

约翰恰好拥有精明的生意头脑，四年之前，他就用自己所有的钱在林茨买下了一家药店。他获得了出乎意料的成功，这家店的价值增长了五倍。路德维希不懂为什么他弟弟富了起来，而在同一时期，他自己却因超高的通货膨胀变得这么穷。但是这种情绪相对而言还算是温和的，在 1812 年 10 月初，他听说三十六岁的约翰也要学卡斯帕一样步入婚姻礼堂之后，他愤怒了。

这个消息差不多在托妮·布伦塔诺回法兰克福的时候传来。路德维希暴怒起来。他匆匆赶到林茨，发现约翰不仅坚决要娶身材丰满的特蕾泽·奥博迈尔，而且已经开始享受她作为“管家”的服务了。显然，特蕾泽不乏性事方面的经验，毕竟已经跟另一个男人生了个女儿。暴怒之中，路德维希直接找到了林茨的主教，并且要求立刻终止这桩婚事。他没成功，所以接着就向城里的议会申诉，还获得了一张警方的驱逐令，以放荡女人的罪名把特蕾泽驱逐出城。约翰抗议的时候，路德维希的反应是那么暴力，以至于塞耶，这位通常对他不那么崇拜的传记作家，都无法在半个世纪之后把其中的细节写进书里。约翰解决这件事的方式就是在 11 月 8 日与特蕾泽结了婚，这时离警方驱逐她还有两天。

贝多芬回到了维也纳（无意中跟拿破仑撤出莫斯科同时），接着又接到了更坏的消息：金斯基亲王由于骑马事故身亡。他将这一悲剧事件视为对自己的极大不便。只要金斯基的财产仍然在进行遗产认证，那么他就无法获得自己那份金额最大的年俸收入。他丝毫不顾金斯基亲王夫人的感受，立即提起了诉讼，强迫她履行亡夫的承诺。

所有这些丑行都没能阻止他最迷人的《G 大调小提琴奏鸣曲，

Op. 96》开花结果。它标志着一个新阶段，贝多芬把颤音解放了，使它自有一种动力，不再需要跟着其他的音符转变，而是可以自在地飘浮或翱翔。颤音从此会在他的作品中频频出现，最终达到令人陶醉的长度，克劳迪奥·阿劳[①]是如此喜欢它们，将其比作“灵魂的震颤”。这部奏鸣曲12月29日在洛布科维茨亲王的宫殿里举行首演，法国音乐大师皮埃尔·罗德演奏小提琴部分，钢琴则由鲁道夫大公演奏。

鲁道夫一贯是位忠实的朋友，他可能是在贝多芬接下来那些孤独年月里唯一给他带来安慰的好友。安东妮走了；贝蒂娜结婚了；约瑟芬·戴姆再婚了；里斯移民了，而冯·格莱兴施泰因不再提供免费的服务了。他跟埃尔德迪伯爵夫人、斯特凡·冯·布罗伊宁和利赫诺夫斯基亲王的关系也因过往的争吵而不如从前了。约翰和卡斯帕（正忍受着疑似遗传性肺结核带来的病痛）现在都跟他疏远了。

大公也生病了。除了癫痫，他还患有痛风和关节炎，因而钢琴可能也弹不了多久了。作为补偿，天性乐观的他勤勉地投入到作曲基础知识之中——当他能找贝多芬分享它们的时候——还建立了一个珍稀音乐书籍和手稿的资料馆。他让贝多芬随意出入这个资料馆，还告诉王宫里的仆人忍耐他老师的怪行。即便如此，鲁道夫骨子里仍是哈布斯堡家的人，当贝多芬把自己想要题献的作品给别人的时候，他当即就会表示不满。因此，他不仅接受了《告别奏鸣曲》和《大公三重奏》的献辞，还是《第四钢琴协奏曲》、《第五钢琴协奏曲》的受题献人，现在贝多芬又加上了新的小提琴奏鸣曲。在未来的年

① 克劳迪奥·阿劳（1903—1991），智利钢琴家，被誉为20世纪最伟大的钢琴家之一。

月里，还有四部作品[1]的题献也给了大公，这让他成了音乐史上拥有伟大作品题献最多的赞助人。

到 1813 年春天的时候，卡斯帕的健康状况急剧恶化，甚至让贝多芬开始修复与他的关系。路德维希以一种折磨人的方式爱着他的弟弟们，虽然与他们保持距离但是又渴望与他们亲近。尽管如此，他当时态度的软化并不是没有目的的。4 月 12 日，他哄骗卡斯帕当着四个其他证人的面签署了如下的文件：

> 由于本人深信吾兄路德维希·凡·贝多芬坦率、正直的人格，本人希望在我死后，他能负责监护我的儿子，卡尔·贝多芬，我未成年的孩子。因此，本人请求尊贵的法庭在我死后授予吾兄以上的监护权，并恳求我亲爱的哥哥能够接受这一责任，以言语和行为在各方面帮助我儿子的成长。

这份声明最明显的特征是没有提到卡斯帕的妻子约翰娜。

她可能不是个模范妈妈。就在两年前，她被指控非法侵吞一条珍珠项链，差点就被判刑进了监狱。这件案子的卷宗有些蹊跷：卡斯帕本人就是个善于投机取巧的人，似乎也被牵涉了进来。作为夫妇，尽管他们拥有一栋很大的出租公寓，生活铺张，但他们还总是缺钱。贝多芬判断，他们的婚姻毫无爱情，而且并不能给他侄子带来最好的生活，在这一点上，他可能是正确的。

---

① 《钢琴奏鸣曲，Op. 110》和《Op. 111》，《庄严弥撒，Op. 123》和《大赋格，Op. 133》。——原注

卡尔已经六岁半了，是个聪明的孩子，而且也可能将是贝多芬家族中唯一的下一代（除非他在林茨的叔叔能老来得子）。若说他跟他母亲比跟卡斯帕更亲近，这一点也不奇怪：卡斯帕是位严厉的父亲和丈夫，曾经有一次拿餐刀刺穿了约翰娜的手。卡尔每天都会看到这个伤疤，也有她感受到的脆弱。

对于要成为这个男孩的指定新监护人，路德维希自己的感受已经无法考证。但是从他对卡斯帕病症缓解之后那令人心寒的反应，可以看出端倪。自从二十六年前玛丽亚·马达琳娜过世之后，他还没有像这样深切地悲伤过。“噢，上帝，上帝啊，请垂怜可怜的贝，”他在日记中这样写道，安东妮离开之后，他开始写些简短的片段笔记，“请不要让事情继续这样了。”

他变成了一个“脏透了”的人，一位在巴登遇到他的艺术家这么说。他的两位老朋友，钢琴制造师约翰和纳内·施特赖歇尔，对他服装的状况感到震惊，于是就为他买了新衣服添置在他的衣橱里。他也承认自己状态很糟：“这许多不幸的意外真的快把我逼向精神错乱的边缘。”他在妓女那里寻求性释放，接着又深受道德上的罪恶感折磨：“没有灵魂结合的肉体结合是野兽的行为，永远都是。”

他的耳聋那时已经十分严重，人们发现要跟他对话简直让人精疲力竭。用小提琴家路德维希·斯波尔的话来说：“你得大声地喊，用三间房开外都能听到的声音。”贝多芬开始回避陌生人注视的目光。他们看到的，我们也能清楚地看见，在这期间，雕塑家弗朗茨·克莱因用石膏给他做了一个脸模塑像，现存于波恩：紧闭的嘴唇，扭绞着的下巴，可怕的皱眉，在满是凹痕的前额下，目光低垂。这景象让人哆嗦，第一个念头是贝多芬其实是多么小，与许多座面容崎岖的巨人的英雄式半身像形成反差。如果这张脸属于一位伟人，它也让人想起了杰拉尔德·曼利·霍普金斯[1]所说的“心灵的山峰”，它们冲破空间的维度耸立而起，存在于它们自己的天空之下。

但是，就算是一位伟人，有时候也会感到山峰在变得苍白。在1813年剩下的时间里，贝多芬连一部原创的音乐作品也没能写出来。只有一个例外——如果说它能被称为音乐的话——就是以英国和法国进行曲为主题创作的《战争交响曲》，是哈布斯堡王族的“宫廷技师”约翰·内波穆克·梅尔策尔建议他写的，并且给了他草稿。在拿破仑战争时期，对于壮观的音响效果有很高的需求，恨不能加入真实的炮弹声和最大音量的鼓号齐鸣。但是由于演奏它们需要大规模的乐队，所以很难进行巡演。梅尔策尔觉得他发明了一种能完美解决这个问题的机器——而且在奥地利和英国都赚了一大笔钱。他将其称为“泛风琴”。它有一个巨大的风室，军乐管铜乐器贯穿其中，风箱从里面给予足够的压力，让它们能奏出所有的极强音而且不带停顿。它还装有琴键，还能插进旋转的滚筒，像是时髦的音乐盒，可以控制音的分布和时长。

梅尔策尔建议贝多芬一起创造出这种滚筒，并从中获利，它其实就是所有滚筒的第一个模型。在西班牙独立战争之中，它将出现在维多利亚之战的胜利庆典上，这个消息是7月13日传到维也纳的。这场战役被广泛认为是波拿巴溃败的开始，令英国将军亚瑟·威灵顿爵士获得了公爵的荣誉。梅尔策尔坚持说，贝多芬应该反复地引用《天佑吾王》，甚至应该把它糅合成赋格风的终曲，就像是匆匆缝制一面英国国旗。他还应该讽刺法国人的自负，最好是嘲笑式地

---

① 杰拉尔德·曼利·霍普金斯（1844—1889），英国诗人、耶稣会牧师。

引用那首古老的战争歌曲《马尔布劳克走向战场》[①]（在大西洋彼岸，这首曲子更广为人知的版本是《上山的熊》）。

贝多芬居然接受了这些建议，这真是他半紧张症的最好说明。但是他欠梅尔策尔一个人情，这位技师还为他设计并制造了至少四种助听器，帮他与耳聋作斗争[②]。他以自己典型的专业精神着手写《战争交响曲》（在德国被称为《威灵顿的胜利》），将它扩展成两个乐章，额外加入了《统治吧，不列颠尼亚！》[③]的旋律。在写完泛风琴的乐谱之后，他给大型管弦乐队写了另一个版本。这让他能尽情地发挥对战地军鼓的热爱，他以两个宏大喧嚣、节奏对比鲜明的渐强音开篇，就像是在指挥他的听觉大军。在接下来的“战争”中，他标注了一百八十八个炮火的拍点，用实心的圆点表示英国的大炮，空心的表示法国的炮火，另外还有用加了颤音的连奏“幽灵音”表示出的二十五声火枪齐鸣，它们的长度和方向都精确无比。他用音乐把这所有的枪炮齐鸣都统合得极为精准，以至于在战争达到顶峰时，有六声炮击和两排火枪齐射只用三秒钟就完成了。

《战争交响曲》被学者一致认为是贝多芬最糟糕最缺乏水准的作品，因其吵闹和幼稚而臭名昭著。但是那些毁谤它的人忽视了他本人明显很享受写这部作品的过程，而且它也获得了巨大的成功，大受欢迎——卡尔·施瓦岑伯格10月中旬在莱比锡与拿破仑会战的胜

---

① 《马尔布劳走向战场》是一首法国民歌，该歌曲的曲子源头不详，也为其他歌曲所用，美国儿歌《上山的熊》就是一例。

② 贝多芬还同意使用宫廷技师的另一项最新的发明，它有一根竖直的摆针，音乐家在排练时可以用它的滴答声来判断预先决定好的拍子。直到今天，“梅尔策尔”节拍器仍在全世界的钢琴上滴答作响。——原注

③ 英国著名爱国歌曲，歌词源于詹姆斯·汤姆森的同名诗作，曲子由托马斯·阿恩写成。

利也推动了它的流行，这帮他从绝望的泥沼里走了出来。

12 月 8 日，这部交响曲在一场为战争中的伤者举行的义演上首演，从贝多芬指挥时的肢体语言来看，他绝对不是一个深陷绝望之中的人。在小提琴部第二排的施波尔关于他的记录成了未来伦纳德·伯恩斯坦[①]的灵感来源：

> 每当突强音符出现时，他会放开原本交叉在胸前的双臂，分开的动作十分剧烈。在弱奏部分，他会弯下身；他想更弱，他就弯得越低。当接下来的渐强音到来时，他又慢慢直起身，到强音的时候，则迅速高高地直起身来。为了进一步增加强音，他有时候还会下意识地跟着喊起来。

一份当时的报纸报道说《威灵顿的胜利》的欢呼“达到了狂喜的地步”。但贝多芬更满意的当然是接下来喧嚣的《第七交响曲》得到的反响，同样是在首次公演时。它的第二乐章得到了加演的荣誉，这也创造了 19 世纪接下来大部分时间里都会遵循的一个先例。

人们不禁好奇当时十六岁的弗朗茨·舒伯特是不是在那晚的听众当中。他早就是现在开始席卷欧洲的“贝多芬热”的受害者了。事实上，《第七交响曲》快板的慢－快－快－慢的节奏贯穿了舒伯特今后的音乐，几乎成了一种做作的风格。

这场音乐会相当成功，四天之后又重演了一次，除去开支，共赚了四千多弗罗林。但是，贝多芬运气不好，这些钱都得用于慈善事业。随着拿破仑威胁在西方的衰退，他的财政状况只是在缓慢地

① 伦纳德·伯恩斯坦（1918—1990），美国指挥家、作曲家。

好转，就跟奥地利一样。他仍然在等洛布科维茨亲王和金斯基遗产里拖欠他的年俸。但是他似乎不懂如何理财。不知怎么，自从 1809 年以来，他居然花掉了一万八千八百弗罗林。甚至到了此时，他也不能控制一下在多间公寓上浪费的房租，以及乱花在仆人、抄写员和珍稀图书上的钱。

因此，当卡斯帕请他帮忙付一笔多得吓人的治病钱的时候，贝多芬发现自己没有足够的现金。他安排他的一个出版商西格蒙德·施泰纳给卡斯帕借了一千五百弗罗林，自己当担保人，同时确定自己对约翰娜·凡·贝多芬的鄙夷是正确的，钱就是不应该交到她手里。

疾病、金钱操作、家庭政治和古怪行为在贝多芬 1813 年到 1820 年的私人生活中交错混合，要猜测此时他脑子里究竟在想什么，恐怕比在一般的自传里风险大得多。我们甚至不能确定他能有意识地控制自己。不管怎么说，他是个艺术家，大多数时候潜意识里都有一种紧迫感，此外还有疑似抑郁症的迹象。但是如果说小卡尔成了他这些年间主要的心魔，那么确实能从他与约翰娜以及法庭的频繁斗争当中看出一种冷酷的决心。

梅纳德·所罗门相信，前文所引用的贝多芬 1813 年 5 月 13 日写的日记，是由于他去年因不能娶安东妮·布伦塔诺而心生绝望。这是一个可信的假设，因为在同一篇日记里，贝多芬坦言了自己对“家庭生活的渴望”。但是从日期上来看，这份渴望与他被指定为卡尔的代理父亲的日期更接近。由此可以得出另一种推测：贝多芬那年春天幻想的生活伴侣不是一个妻子，而是一个儿子。

这最后一个词并不极端。贝多芬自己很快就开始使用这个词了，比“侄子”这个词用得多。而到那时，回过头来看，那笔看似慷慨的借款也像是将卡斯帕和约翰娜置于一种约束力之下的手段。

这只是一桩长达七年的诉讼奇案的第一阶段，其残酷程度比起贾迪斯告贾迪斯案[①]有过之而无不及。伊迪莎和理查德·斯太尔巴这两位维也纳的精神分析学家用一本内容翔实的书再现了这个故事，结论是作为作曲家的贝多芬用完美的艺术作品救赎了自己，但是作为常人的贝多芬却"心智极为失常，甚至有精神病的倾向"。他们的论证有些说服力，尽管精神分析传记学的本质就是去推断一些不能被证实的事情。基本的故事很简单，跟法律一样古老。C.（卡斯帕）死后，诉讼当事人 L.（路德维希）和 J.（约翰娜）通过一场旷日持久的官司争夺客体 K.（卡尔）的所有权；不同的法庭间也出现了争执；诉讼人 L. 先是输掉了官司，后来又赢了。然而，他对裁决的回应十分不寻常，在这一段长长的时期里，涌现了一连串音乐史上最崇高的音乐。

卡斯帕的病情好转撑过了 1814 年，生命延续到了 1815 年的头几个月，使贝多芬得到卡尔的时间又推迟了一年半。这是他作为作曲家人生经历最为奇怪的一段时期，他的创作力得到了恢复，但是仍然缺乏独特的灵感。讽刺的是，他写的这些新作品——除了一首很迷人但无趣的 E 小调钢琴奏鸣曲之外——都被称颂为他"英雄主义"风格的回归，与奥地利突然变成了欧洲力量的中心这一点很契合。这也正是奥地利外长克莱门斯·冯·梅特涅亲王召开伟大会议的时候，各国将聚在一起规划一个没有拿破仑的未来。贝多芬已经盛名在外，即将到来的代表团会将他视为这一时刻最理想的吟游诗人，一位作曲家中的桂冠诗人，拥有将不协和音转变为协和和弦的天赋。

① 指查尔斯·狄更斯的小说《荒凉山庄》中的一桩诉讼，此遗产纠纷案牵涉了好几代人，最终让诉讼上的花费吞噬了遗产的金额。

我们也不能怪他制造出那种大而无当而又吵闹的东西，毕竟政治家总是以为它们就是艺术。贝多芬不傻，还能利用这种愚见。（“很明显，一个人为公众写曲子的时候，写的都是最无聊的东西，而且写得也最快。”）他知道，如果能让这些阁下留下足够深刻的印象，他们会回国向出版社和音乐会代理人赞美他。法国执政府给雅克－路易·大卫[①]带来的运气，也可能由维也纳会议带给他。

1814 年 1 月 2 日，他用一场在大舞厅[②]为自己举行的慈善音乐会给新的一年奠定了非凡的基调，那可是维也纳最壮观的音乐厅。他自己的广告语中承诺节目单会包括一些合唱作品，主打是“我宏大的器乐曲版本的《威灵顿的胜利》”。约翰·梅尔策尔的名字在这里提都没提，他可是最初的构想人，还进行了策划与推广。贝多芬并不关心这个，他指挥了这场演奏，获得了比首演还要热烈的欢迎，咚咚的鼓声在舞厅左右两侧的走廊里一声比一声迫近。虽然由于他的耳聋，他漏掉了一些提示符，但是公众再次以“狂喜”（《维也纳日报》的用词）来回应这场演奏，请求贝多芬“再次并经常”指挥自己的音乐作品。

显然，他的名气如日中天——而且这一次票房收入也很高。他给赞助者的致谢信发表于 1 月 24 日的《维也纳日报》，再次忽略了梅尔策尔的名字。贝多芬的下一场音乐会宣布将于 2 月 27 日举行。

同时，帝国宫廷剧院的三位明星歌手接近他，这将带来难以估量的重要影响。他们出席了他的第一场音乐会，被合唱乐调深深震撼，于是他们问他能否考虑重演《费德里奥》。这部歌剧当时的失败无疑

---

① 雅克－路易·大卫（1748—1825），法国新古典画派奠基人，后成为拿破仑的宫廷画师。

② 霍夫堡宫内的舞厅、音乐厅，由玛丽亚·特蕾西亚所建。

应该归结于法军1805年对维也纳的占领。现在拿破仑的神话破灭，联盟军正包围巴黎，情况正好与那时相反。维也纳人士气高昂（从《战争交响曲》大受欢迎这一点就可以看出来），而《费德里奥》从监禁中得到拯救的主题正可以看作奥地利摆脱了法国二十年来的侵略。

根本不需要人有去说服贝多芬。八年来，《费德里奥》一直是他心头的痛楚。他同意若是能有格奥尔·弗里德里希·特赖奇克的帮助，他愿意重新修改乐谱，后者是宫廷剧院的剧作家和舞台监督。歌唱家们因此欢欣鼓舞。到他的第二场音乐会的时候，贝多芬已经完全投入到了重写《费德里奥》的工作之中，一幕一幕、一个音符一个音符地修改。"我必须找到重新进入它的道路。"

结果证明，特赖奇克是位完美的合作者：独出心裁，极度专业，并且能容忍完全不理解"交稿期限"这个词的含义的贝多芬。他立刻就发现，《费德里奥》是由于下半部分的场景全在地牢之中才被限制了潜力。他提议说，将结尾转移到"一个阳光普照的绿色庭院"中，这会极大地戏剧化莱奥诺拉和弗洛雷斯坦自由重聚的幸福。贝多芬接受了这个建议，然后在第一幕做了自己的删改和过渡。这些修改都显示出了对舞台艺术足够的悟性，足以推翻E. T. A. 霍夫曼关于他首先是一位器乐作曲家的论点。特赖奇克深受震撼，看到一位作曲家自愿从总谱中撕掉整个段落的任何剧作家都会如此。

更令人惊讶的是——除非谁想起了贝多芬出生于一个歌手世家——他居然同意满足那位男高音领唱内心想要"咏叹调杀手"式高音的愿望，加入了咏叹调结尾的高音，而不顾戏剧效果的合理性。新的弗洛雷斯坦由一位名叫拉迪基的意大利男高音歌唱家扮演，也同样惊讶，虽然情节要求他在第二幕的开头才被发现，身上的锁链连着石块，在牢里挨饿。贝多芬已经写好一首极好的咏叹调，结束在极轻的 F 小调上。但是如何才能在不损坏剧作品质的前提下重新打造它呢？特赖奇克想到了利用精神错乱来解决：濒死的弗洛雷斯坦由于见到了莱奥诺拉的幻影而狂喜。贝多芬抓住了这个念头，简直等不及看到新写出的歌词。

就在那个晚上，歌词写好了。诗人之后回忆道：

> 我把它交给了他。他读了，然后在屋子里跑上跑下，时而低声自语，时而高声咆哮，这是他的习惯，他从不唱出来——然后猛地打开了钢琴。我的妻子总是苦苦求他弹奏而不得；今天他把文稿放在面前，然后就开始了奇迹般的即兴演奏——那是没有任何魔法能捕捉的音乐。通过这次演奏，他似乎召唤出了咏叹调的动机。几个小时过去了，贝多芬还在继续他的即兴演奏。他之前提议要与我们共进晚餐，但是当晚餐准备好了的时候，他不能容忍自己被打断。一直到很晚，他起身拥抱了我一下，表示不吃晚饭了，然后急匆匆地回了家。

在接下来的两个半月里，贝多芬沉浸在他的“《费德里奥》1814 年版”之中——实际上这已经是这部歌剧的第三个版本了，更有戏剧张力，音乐上也更丰富。“天哪，”他写道，“我的王国在空中；像风一样，音符在我身边飞旋，而且常常是在我的灵魂当中。”在如此强度的工作中，他根本无法像正常人一样生活，尽管也没有这方面的记录表明他曾经尝试过。“当有人来访的时候，用鞋刷擦亮鞋子。”一行潦草的句子这样写道。还有：“休息，并找点消遣，但这仅是为了更加有力地投入艺术创作。”还有很费解的一句：“例如，医生关于我生命的诊断——如果已经没有可能康复了，那我得用——？？？”

他似乎都没留意拿破仑4月4日退位，也没注意到在那个月里对他最好的赞助人卡尔·利赫诺夫斯基亲王过世了。他在公众场合唯一的一次露面是在11日出席《大公三重奏》的首演。受题献的大公的双手已经受损到不能弹奏它了，所以贝多芬同意代替他演奏。施波尔听到了他的排练，怀疑他根本不比鲁道夫强：“在强音乐段，这个可怜的耳聋之人猛敲琴键，令琴弦都发出了刺耳的声音；而在弱奏段，他弹得又过于柔和，整组音都被漏掉了……命运如此残酷，不禁让我深感悲痛。”

实际上，音乐会后来进行得更顺利些。伊格纳茨·莫舍勒斯注意到，虽然贝多芬的演奏已不再有清晰度或是准确度了，但是“智识性的元素”却登峰造极，其中还有不少他曾经的“宏大”风格的特点。贝多芬现在仅能靠观察来与其他音乐家配合。他的视力锐利如山猫，以补偿他那萎缩的听觉：他甚至能看出什么时候演奏者忽视了写在乐谱上的表情记号。但是他单靠感觉并不能控制好自己的音色。除了几周之后在这部三重奏的重演音乐会上，还有一次冲动地给一位歌手伴奏演唱他的《阿德莱德》之外，他再也没有在公开场合弹过钢琴。

《费德里奥》在5月23日重新开演了，这个日期没法让贝多芬写完一首新的序曲。演出的那天早上，有人发现他睡着了，身边是一支燃尽的蜡烛和一杯葡萄酒，草稿四处散落在床上和地板上。绝望之中，卡恩斯纳索尔剧院的管理层决定用《雅典的废墟》序曲，它只在布达佩斯演出过，在维也纳还没演过。观众是不会明白区别的，尽管担任指挥的贝多芬为自己感到羞耻。令他感到耻辱的还有，另一位指挥米夏埃尔·乌姆劳夫将站在他身边，在他没能准确地听到乐队演奏时纠正他的节拍。不过，经过五个星期的排练之后，演员和乐手都状态极佳，而且很快大家就发现《费德里奥》一定会大获成功。“贝多芬先生，”维也纳的《收藏家报》这样报道说，“在第一幕结束之后就被雷鸣般的欢呼喊出来了，而他也满怀激情地向观众致意。”

三天之后，它的正式序曲“得到了近乎骚乱的喝彩声，而作曲家也被两次要求出来谢幕”。贝多芬终究还是贝多芬，他将继续执著地修改、重写这部歌剧。因此，《费德里奥》到 7 月 18 日才算是有了最终的版本，而且广告说那天的演出收益将归他自己。演出一票难求，以至于已经免费发放的赠票被作废。[①]贝多芬期待剧场能满座，所以在《和平周刊》上买版面发表了一篇名为“致他的崇拜者的话”的文章。这篇文章表明，他已经从去年的绝望之中走出来了，自我丝毫没有受损：

> 你们是不是常常苦恼，因为他作品的深度没有得到足够的重视，你们过去曾说凡·贝多芬只为未来的世代作曲！毫无疑问，你们现在要承认自己错了，他不朽的剧作《费德里奥》自上演以来——就算不是它上演之前——已经激起了公众普遍的热情，而且现在也找到了许多相似的灵魂和有共鸣的心灵，它的伟大与优美并不是专属于未来的特权。

---

① 十八岁的弗朗茨·舒伯特为了听这场重演的《费德里奥》卖掉了自己的课本。——原注

经过这样的预热，义演会上的观众给予了极为热烈的喝彩，之后近两百年里的观众也是这样。《费德里奥》配得上贝多芬在广告里给它加的形容词。它以其人文主义主题、节制的情感和纯粹的音乐，成为一部独一无二的剧作。

我们今天仍然把它视作一部兼具普世与自传色彩的传奇，在这部剧中，压迫的势力和故意的残忍最终被理想主义、不屈的斗争和肉体的勇气所战胜。这部剧作的总体隐喻（让人联想起贝多芬早期的某部作品）还是启蒙，或是从黑暗通向光明的过程。在第一幕中，由于莱奥诺拉的请求，犯人们被允许去洒满阳光的堡垒花园里散步，在歌剧当中，没有比他们出现的时刻更感人的了。贝多芬让他们以几乎听不见的声音唱起来，用不协和的大二度，仿佛他们无法表达自己的狂喜："噢，何等的喜悦，能在户外自由地呼吸！身在此处才是生命，我们的监牢只是座坟墓。"不协和音转成了一曲气势高涨的四声部男声合唱，狂喜也跟着达到顶峰，但接着又逐渐减弱成低语，因为囚犯们又被赶回了地下。

去看重演的观众当中，可能斯特凡·冯·布罗伊宁最了解莱奥诺拉和弗洛雷斯坦最后与合唱队一起的二重唱《噢，上帝！噢，多么美好的时刻啊！》里绚烂的旋律从何而来。逐个音符地对照，它正是路德维希十九岁时为《为约瑟夫二世逝世所作的悼念康塔塔》中一个类似的高潮所写的轻快的抒情曲。将近四分之一个世纪过后，这段没能演奏出来的旋律在他灵魂里燃烧着，终于在这里找到了它的神殿："噢，上帝！多么美好的时刻啊！噢，无以言表的甜蜜幸福！"

经过两场收益丰厚的演出和《战争交响曲》与《第七交响曲》巨大的双重成功之后，当《费德里奥》的国会演出幕布落下时，贝多芬有资格寻思这势头还会不会发展得对他更好些。最终势头确实更好了：11月29日，在霍夫堡宫的大舞厅里，他面对的是更引人注目的国际听众，包括俄国沙皇亚历山大一世，普鲁士国王腓特烈·威廉二世，听众们都疯狂地为他最新的作品——一部为庆祝维也纳会议而作的康塔塔而喝彩。要说的话，它其实比先前的战争闹剧更糟糕，那部闹剧也在那天晚上的节目单上。光是它的标题——*Der glorreiche Augenblick*（“光荣的时刻”）就似乎是对《费德里奥》终曲的嘲讽。因此，他拥有了在成就的最低点达到事业最高峰的经验。

做工精美、真皮包边的康塔塔乐谱卖出了每本两百弗罗林的惊人高价。他从前的崇拜者捷克作曲家约翰·托马舍克悲哀地发现，他居然是一个“最冷酷的唯利是图分子”。但是社会名流的注意力总是短暂的。在贝多芬准备通过重演再次获利的时候，才只过了四天，霍夫堡的大舞厅就只有一半的上座率了。计划的下一场音乐会也只好被放弃。维也纳会议继续召开，也没再给他更多的关注，不过一个贵族委员会倒是给了他四千弗罗林银币作为礼物。随后，在那一年的最后一天，拉祖莫夫斯基伯爵富丽堂皇的宫殿被烧成了废墟。

比起大多数维也纳人，它的黑烟对贝多芬有一层更悲伤、更具象征意味的含义，他们并不关心他们城里的贵族赞助人传统已经走到了尽头。自从拿破仑被流放到厄尔巴岛之后，小资产阶级们正在适应新的更为民主的生活。在舞会和宴会之间，会议的代表们重新划定古老的疆界，给了奥地利的资产阶级一种自由的感觉，他们终于不必再为强权力量效力了。神圣罗马帝国已成历史；启蒙运动已经消融进了日常生活的光芒当中；已经没有必要再摆出坚定、严肃、英雄主义的姿态了——奥地利人一直都觉得这些姿态更适合他们的德意志表亲。其中一个这样的德意志人，当然就是路德维希·凡·贝多芬。尽管他到这时在维也纳生活的时间已经远超过他在波恩生活的时间，但是他的北方口音和毫不妥协的工作方式却是舒适和毕德麦雅风格[①]的对立面，这一种新的安逸特征将很快成为这座城市年青一代的陈腔滥调。

不管怎样，1815 年初洛布科维茨和金斯基亲王夫人补偿给他的年俸，仍然让他十分高兴。他们都同意对他进行补偿，按照通货膨胀前的标准付款，而且还是以往前追溯的方式计算。“虽然贝多芬对我的所作所为根本不可能让我满意，”洛布科维茨说，“但是作为一个狂热的音乐爱好者，他那些毋庸置疑的伟大作品开始受到重视，无论如何，这一点让我欣喜。”鉴于他们一个拖欠了三十个月，另一个拖了接近四十个月，这意味着一笔将近七千弗罗林的意外之财。加上 1814 年赚到至少四千弗罗林，还有一年三千四百弗罗林的生活保障金，他已经相当富裕了（那时候一个普通中产阶级的平均年收入还不到一千弗罗林）。但是无论多少钱都无法使他有安全感。他赚得越多，也就越凶狠地——而且也是越狡诈地——把他的出版商和推销商逼向他们容忍的极限。他确信一定有某种难以想象的灾祸即将发生，1815 年 3 月 7 日热那亚传来的炮声说明他可能是对的。十天前，拿破仑逃出了厄尔巴岛。

接下来的战报说，波拿巴带领着一支新的军队正向巴黎进军。参加维也纳会议的八大国家签署了支持路易十八的协议，但是居然有消息说这位在杜伊勒里宫度假的国王支持王宫的上一任主人。到 3

① 指从 1815 年维也纳会议之后到 1848 年欧洲大革命爆发期间，随着中产阶级的壮大形成的文化艺术风格，走向大众，以让人感到安全、舒适为主要追求。

月 20 日，拿破仑又一次控制法国，威灵顿公爵匆匆离开维也纳，奔向佛兰德。

“所以一切都是幻影——友谊、王国、帝国，一切都是迷雾，只要一阵风就能让它消散，又能让它以另一种形态重现！！”贝多芬在 4 月 8 日这样写道。实际上，他是在以他那笨拙的方式就另一件完全不相干的事情开玩笑，但是除了艺术真理之外，任何别的现实都不可信任，这一观念在他心里已经根深蒂固。但是他满脑子也都是法国的灾难。“你说，”他在同一封信里继续写道，这信是写给布拉格的一位收藏家的，“你想要哪种伴奏音乐，是配逃难国王的独白，还是一首篡位者的歌曲……？”

拿破仑百日王朝的故事被威灵顿在滑铁卢的一场胜战终结，抹去了维多利亚之战的一切回忆，在这里就不需要重述了。维也纳会议继续漠然进行。6 月 9 日，距离大战还有九天时间，所有与会方签署了最终协议，这维持了欧洲各势力未来四十年的平衡。

贝多芬万事无常的理论就说到这里。如果说那个春天和夏天有什么总是似雾一般被吹散，那就是他自己的创作天分。他试着写第六部钢琴协奏曲和另一部三重奏，但是都失败了。两部异教徒歌剧的草稿，一部是希腊的，一部是罗马的，也渐渐灵感枯竭而放弃了。他完成的那些作品要么华而不实，要么就是以前作品的衍生品，只有两个例外，一个是一部动了脑筋的大提琴奏鸣曲，第 102 号作品，还有一个是为歌德的《宁静的海洋与快乐的航程》的合唱和管弦乐写的配乐。（出于显而易见的原因，英语国家做节目单的人喜欢把它宣传成《平静的海和幸福的航行》。）

但是，在那年年中，就在贝多芬心中最后一点音乐也快耗光的时候，一道灵感的闪光让他着了魔。当时，他正从自己的住所走入星光满天的黑夜，这段任何音乐爱好者都能辨认出来的主题乐不知从什么地方冒了出来：

他草草写下了整段，在旁边注上了“赋格”和“缓慢的结尾”，接着就让他未来的《第九交响曲》沉入了潜意识之流。

第七章　渡鸦母亲

1815 年秋，卡斯帕 · 凡 · 贝多芬的肺痨已经无药可救了。路德维希重新燃起了夺得小卡尔的决心。11 月 14 日，他在卡斯帕在遗嘱上签字之前将其中一个句子改了："除我妻子，我指派我的哥哥路德维希 · 凡 · 贝多芬共同监护我的儿子。"他不知道用了什么手段，让卡斯帕去掉了前面的四个字，并且把后面的"共同"也去掉了。

约翰娜 · 凡 · 贝多芬当天晚些时候发现了，及时地表达出了自己暴怒的情绪。卡斯帕接着就加了一条遗嘱附录，考虑到"我的哥哥和妻子间无法存在最佳的和谐关系"，鉴于路德维希渴望让卡尔"完全归属于他一个人"，并且"将他从他母亲的监管和教导下带走"，他把自己的遗嘱改成了这样：

> 我绝不希望我的儿子被人从他母亲身边夺走，我希望的是，他应该一直——而且只要他未来的职业允许——与他的母亲在一起。以此为目的，终止他的监护权需要她与我哥哥共同执行……为了我孩子的幸福，我建议我的妻子能顺服，而且我哥哥能多一点温和。

第二天，卡斯帕就过世了，时年四十一岁。

贝多芬对这个遗嘱附录的反应很奇特，他控诉约翰娜毒死了丈夫。他激烈地将这一妄想付诸行动，以致找来了一位医生，逼迫人家检查尸体，结果医生报告说没发现谋杀的证据。同时，修改的遗嘱被帝国皇家普通法庭采纳了，这是处理贵族案件的法庭。

那里的官员都没有要卡斯帕的血统证明就接了这案子。毕竟，他可是著名的“凡·贝多芬”的弟弟，贝多芬先生自从1793年以来就一直在维也纳社会最高层次的圈子里活动。本地的势利分子从没提出（一个北方来的势利眼倒可能这么做）荷兰的“凡”并不等于德意志的“冯”，后者才是贵族血统的绝对保证。在帝国秘密警察的文件里，路德维希甚至被登记为“冯·贝多芬先生”。难道他在最近的会议期间不是在那些戴王冠的人当中自由活动吗？报上不是有故事讲他拥有普鲁士皇族血统吗？

贝多芬本人对自己的贵族地位毫无疑虑。他感觉自己是高贵的；他写的是高贵的音乐；贵族都得尊重他。对他来说，这些事实就足够了，显然，对普通法法庭来说也足够了。而对约翰娜而言，她无可挽回地只能以资产阶级的身份面对法庭。

他只暂缓了数日，给自己弄了一个维也纳荣誉公民的称号，然后在12月13日对弟媳的共同监护权发起了挑战，声明说他“可以提供重要的理由把这个寡妇排除掉”。他要最高监护权理事会知道，她在非婚情况下怀上了卡尔，而且还因入室盗窃被定罪过。普通法庭表示了兴趣，于是贝多芬向下一级的法庭申请到了他们判决约翰娜有罪的记录。用这些证据武装之后，就在普通法庭圣诞节休庭之前，他请求普通法庭宣布遗嘱附录无效，依据是凡·贝多芬女士缺乏“道德和智识方面的能力”，不足以将她的儿子妥善抚养成人。

约翰娜对他的法律和公关的闪电战不由大吃一惊，就像约瑟夫·波拿巴在维多利亚被威灵顿的进攻吓到了一般。1816年1月9日，法庭做出了有利于贝多芬的裁决。他被指派为九岁的卡尔的唯一监护人，十天之后把卡尔交给了他看管。小男孩于2月2日被从家带走，住进了詹纳塔西奥寄宿学校，这是维也纳一所著名的私立学校。约翰娜被禁止去见他，除非得到他伯伯的同意——然而这是不太可能的。“在那里，”他写道，“他就不用再听到、看到关于他卑劣的母亲的一切了。”

如果约翰娜收到了这段时间他在音乐手稿上写的言语毒辣的信，她会更想不通。贝多芬显然正在走向被害妄想症的边缘，他抱怨她“刻毒的计谋”和令人起疑的“友善”表现，这些可都骗不了他。他的书写变得不连贯起来：“加之于你的惩罚不能被赦免，法庭决议对此重要事件来说再合适不过了，这是考虑到你那位——也是我那位——尊贵的亡者。”

这只是一场针对约翰娜的恶意攻击的开始，很快它将疯狂地扩大，带有一种很强烈的性淫乱元素，可能就是隐藏的性欲。有时候贝多芬认为她在跟踪他，另一些时候他又怀疑她为一些难以启齿的原因给他的仆人钱。在他心里，她的形象很快就是一半妓女，一半是莫扎特《魔笛》里那个尖声乱叫的母亲角色[①]。“昨夜，”他在2月中旬给卡耶坦·詹纳塔西奥的信里这样写道，“夜之女王在艺术家舞会待到了三点钟，暴露的可不仅是她的精神，还有她的肉体——人们还低声说，二十弗罗林的价格，她值这价！噢，太可怕了！”

他其实更应该把约翰娜与另一个歌剧里的角色联系起来。在现

① 《魔笛》中的夜之女王，为剧中的反派角色。

存的有关她为了见卡尔的绝望尝试的记录当中，最令人同情的莫过于她伪装成一名男子，只为溜进学校的操场看卡尔玩耍。这不禁让人听到了《费德里奥》第一幕里面那悲伤的号声，还有莱奥诺拉激昂的表白：“我被一种内心冲动所牵引。”

然而，贝多芬正在自己认为的一出现实版救人戏剧中扮演英雄角色。“我打了一场仗，为的是把一个可怜的、不幸的孩子从他那没资格的母亲魔掌里拯救出来。”他在给托妮·布伦塔诺的信里这样写道。重要的是，就算对于这样一个合格的母亲，也应该认识到他已经变成了一个什么样的英雄。这一角色到1816年的春天和夏天急剧地变身，越来越具有妄想的成分。“把K.视作你自己的孩子。”他在日记中这样写。随后，他对埃尔德迪伯爵夫人说：“我现在是我那过世弟弟的儿子的真正生父了。”后来又对弗朗茨·韦格勒说：“你是为人夫、为人父的人。我也是，只是没有妻子。”至此，侄子变成了“儿子”，伯伯变成了“父亲”，而弟弟变成了“丈夫”，寡妇变成了“妻子”——除非他最后一个词指的是离去的托妮。

他给她的信似乎激起了被压抑的渴望，因为4月的时候，他开始写《致远方的爱人》，这是一组以无法圆满的愿望为主题的非凡的声乐套曲。每一首歌都进化为下一首，序曲中的渴望的主题——这热烈的乐句先是上升，最终却降了下来，跟《特里斯坦与伊索尔德》中的任何乐段一样怅惘。渴望主题在结尾处再现，以一个不满足的和弦结束。罗伯特·舒曼对这个主题痴迷不已，二十年后在他的《C大调钢琴幻想曲》中使用了它，这部作品也是蕴含了极深的爱意。

贝多芬所作最接近自传的音乐作品就是这部《致远方的爱人》了。在写完之后，他向卡耶坦·詹纳塔西奥坦白说，五年前他爱上了一个女人，但却无法向她求婚。跟她结婚“是不可想象的，几乎是不可能的事，是妄想”，不过，“现在就好像初婚第一天”。这些情感被詹纳塔西奥的女儿范妮转写了下来，正好照应了《致远方的爱人》之中的情感。它提到蓝色的天际，提到超越空间和时间的爱情，它第一次用音乐的形式，表达了人们在卡斯帕·大卫·弗里德里希[①]的云之风景和歌德的“你知道那个地方吗”[②]之中感觉到的那种遥远的思念之情。多年之后，贝多芬真的为后者谱写了曲子，不过感情非常冷淡，这恰恰进一步说明了《致远方的爱人》代表他 1816 年经历的情感动荡造成的意识演变。

那年夏天他唯一的另一部作品《A 大调钢琴奏鸣曲，Op. 101》结构很怪异，亲密感被扔在了一边，取而代之的是令人寒毛竖起的进行曲和诡异的赋格，更加重了说他再也写不出“美妙”之作的谣言。或者像布伦瑞克家的某人在给朋友的信里说的：“我昨天听说贝多芬已经疯了。”

以现代听众的知觉，在奏鸣曲的开篇乐章和慢乐章中可以发现一种新的抒情方式，强烈而纯粹，不可能让人厌倦。这后一项品质在任何艺术形式中都绝对是最高的美感，但是那一年里，维也纳疯狂流行的另外两种风格却不是这种类型：毕德麦雅式的客厅小品——旨在讨人欢心或令人流泪，焦阿基诺·罗西尼[③]的新歌剧《塞维利亚的理发师》带来的闹哄哄的轻浮之气。贝多芬真是不幸，他酝酿多

---

① 卡斯帕·大卫·弗里德里希（1774—1840），德国浪漫主义风景画家，绘画以自然风景为主。

② 歌德的这句诗歌源于他的长篇自传体小说《威廉·迈斯特》当中的《迷娘曲》，表达了迷娘对家乡的思念之情，贝多芬、舒伯特、舒曼、柴可夫斯基等知名作曲家都曾为这首诗歌谱曲。

③ 焦阿基诺·罗西尼（1792—1868），意大利作曲家。

年的著名的“第三阶段”风格，在第101号作品中终于成熟起来，面世之时却正值公众品位与其背道而驰。已经将文化列入监视范围的帝国秘密警察记下说“压倒性的绝大多数行家已经坚决拒绝听他随后的任何作品”。

警察所指的这些“行家”指的是那些一直都认为贝多芬太激进的保守分子，他们现在正转而热爱罗西尼，就像从前投入帕伊谢洛[1]和萨列里的怀抱一样——好像任何作曲家，只要名字以元音结尾，肯定能指望他的音乐能保持在同一个调上[2]。贝多芬对那种炫美的嗡吧乱哼的意大利风格从来都不屑一顾，他甚至还在《钢琴奏鸣曲，Op. 31》的慢乐章中戏仿了它，这一乐段可以描述为有头脑的罗西尼。他新近也在《奏鸣曲，Op. 90》的回旋曲中尝试了一下毕德麦雅风格，但是效果就像是歌德尝试写女性浪漫小说：一种极度的严肃感总是不断地闯进来。

事实上，贝多芬甚至无法模仿他自己。现在比以前更甚，每一部新作都必须是独一无二的。写出了第一部伟大的德语声乐套曲之后，他不会再想写第二部了。但是写一部全是悬而未决的不协和音的歌剧的想法倒是很有趣……同样有趣的还有任何形式的创作悖论。他的“内心冲动”也不时反复推动着他，让他去学那些连巴赫看来都已陈旧的对位法技巧，去发明未来主义的噪音，比如那长长的、隆隆作响的低音颤音和怪诞的半音式滑动，一会儿在调内，一会儿在调外。那些能去理解它（更别说演奏了！）的个人精英的数量正在稳步地缩减。金斯基和利赫诺夫斯基已经去世；瓦尔德施泰因破产

① 乔万尼·帕伊谢洛（1740—1816），意大利作曲家。

② 帕伊谢洛的原文为Paisiello，萨列里的原文为Salieri。

了，死时注定将是一介贫民；拉祖莫夫斯基被召回俄国，带走了舒潘齐格和其他四重奏成员。到那年年底的时候，洛布科维茨也将死去，维也纳最后一支私人管弦乐队也将随之解散。就连天性善良的鲁道夫大公也悲观起来，越来越强烈地表现出投身教会的愿望。

所罗门把1816年的这段时期说成“音乐史上的转折点之一”，在这一时期，不仅是贝多芬，还有比他年轻的那些同辈都在适应古典主义盛期的终结。韦伯二十九岁，正要开始他那充满魔力的歌剧《自由射手》；舒伯特十九岁，刚写完《魔王》，其中饱含着典型的德意志气质。柏辽兹十二岁,门德尔松七岁,肖邦和舒曼六岁,李斯特四岁。他们每一个人在形成自己的反智主义风格时，都仰望着贝多芬。

可尽管有着惊人的想象力，他本人却仍然是理性时代的人。“贝多芬音乐的奇迹，”保罗·亨利·朗写道，“在于它在自由与个性之中，最终仍是有机的、有说服力的。”这种冲动总是向着逻辑性，要么是形式上的——且不管它会多么不寻常——要么是和声上的或复调上的。即使在写非常热情的乐段时，他的感情也是理智的：他今后作品中那些最震撼云霄的高潮乐段都是经由对位法实现的。他不愿屈服于心中的激情，这不是因为冷漠，在《致远方的爱人》当中已经证实了这一点。在他余下的职业生涯里，他只是痴迷于挑战——又是那种充满悖论的挑战——要写出既富有理性又充满激情的音乐，能够无限地扩展或是压缩，而且能适用于所有的形式和组合，从微型的钢琴独奏作品到用于合唱和管弦乐队的史诗级作品。到目前为止，只有约翰·塞巴斯蒂安·巴赫成功过，但是巴赫的实际风格在这过程中并没有什么变化。“我的疆域要扩展得更广，而且我们的帝国并不轻易能到达。”贝多芬在给莱比锡的一位朋友的信中这样写道。

1816年的下半年里，贝多芬在艺术上比以往更孤独。鉴于他在《A

大调钢琴奏鸣曲，Op. 101》中取得的新奇成果，他把下一部作品推迟近一年也不足为奇。不过，他所有旺盛的精力都集中在了卡尔身上。

范妮·詹纳塔西奥在她的日记中说贝多芬在去学校时那“严厉的外表”和“冷漠的行为”给了她“一种极为厌恶的感觉”。她怀疑他很快就会放弃他侄子，而且还发现了一场极权的早期端倪。“我问小男孩他为什么哭，他说他伯伯禁止他告诉别人。”——告诉别人什么？范妮最终也没弄明白。

贝多芬要把卡尔从约翰娜手里“夺走”的决心是如此坚决，甚至在9月卡尔因为疝气需要动手术的时候，他都拒绝了她希望在场的书面请求。“绝对不能允许她再见他，因为会让K. 重新想起从前的事情，我们不能允许这种事发生。”而同时，他自己却在别处，住在巴登的一间避暑公寓里。他总是在紧急情况可能对他有所要求的时候不见身影。当万事平安的时候，他倒是充分地挥洒他的爱意，这根本不需要他付出什么。但是危机时分需要的爱并不在他的情感储备当中。

他意识到了自己的自私，并且表现出了罪恶感：“我多么想听听我亲爱的儿子［原文如此］现在恢复得怎样了啊，你应该能想象我的心情吧。”他在卡尔手术后给卡耶坦·詹纳塔西奥的信中写道：“你也许认为我是个冷漠的半野蛮人……我不能分担我的K. 所承受的痛苦，这多么让我悲伤。”

贝多芬的悲伤很快就减轻了，因为卡尔的身体已经恢复到可以完成分隔他们的那十五英里的旅途了。范妮陪着尚在康复期的孩子一起来看他，接着就被贝多芬粗野的暴力行为吓着了。晚餐的时候，贝多芬就“每个面包卷跟侍者讨价还价”，第二天早上出现的时候脸上还有抓痕，因为他先前跟仆人打了一架。范妮和当时的另一位访客卡尔·冯·布尔西都觉得他现在近乎完全耳聋的状态加重了他的妄想症。“恶毒和怨恨在他心里无比狂暴，”冯·布尔西在日记中写道，“他藐视一切，对一切都感到不满，还咒骂奥地利，特别是维也纳和他在这里的生活。他说话语速很快，还配有大幅度的动作。他常常用拳头敲打钢琴，力度之猛让房间里充满了回声。”

这让人不禁要问：贝多芬是不是像卡尔的生父那样打过他？虽然尚缺乏这方面的证据，但是他肯定支持过詹纳塔西奥在必要的时候可以鞭打卡尔。作曲家伊曼努埃尔·弗尔斯特的儿子在更早的时候记下了一堂冬天里跟贝多芬上的钢琴课，贝多芬“用织做工妇人穿的粗线外衣的铁针或是钢针”打了他冻僵的手指。

不可避免，他给人的印象是一个年近五十、紧张易怒的危险男人。但是你也得承认贝多芬积极的举动也同样具有爆发力，因他的心灵和身体都被灌注了过多的能量。卡尔是个聪明而温柔的孩子，屈服于他，但并不怕他。伯父和侄子很快就亲密起来，贝多芬在他们交换眼神时眼里流露出的幸福令旁人惊讶。还有一则有趣的逸事，讲的是卡尔在贝多芬与另一位作曲家演奏一部作品时睡着了。当第一声非常不同的乐音响起的时候，卡尔笑着醒了过来：“那就是我伯伯弹的音乐。”

同时，约翰娜·凡·贝多芬的反应则跟任何孩子被绑架的母亲一样。她寻求了法律建议，看如何能让普通法庭改变判决，或至少让她重新成为联合监护人。但是只要卡尔仍然还在詹纳塔西奥学校，她的胜算就很渺茫，而1817年一整年卡尔都还在那里。这所学校声誉十分之好，让约翰娜无法宣称她儿子没被照顾好。有一段时间，在贝多芬逼她投资了两千弗罗林给孩子当学费之后，他允许她一个月见卡尔一次。她被迫卖了房子才凑齐这笔钱。这让贝多芬罕见地忏悔了一次。“上帝，上帝，我的避难所，我的磐石，我的所有，”他在日记本中这样写道，“您能察看到我心的最深之处，也看到了它是多么痛苦，我让另一人也被迫受苦，这都是因我对卡尔的良善苦功啊！！！”但是很快他又跟詹纳塔西奥一起谋划着怎样把她排除出局。

这一年，他的身体也很糟糕，他大部分时间都被“一种严重的、带来低烧的感冒”（支气管炎）所折磨。他害怕自己得的是肺痨，说起了自杀，还养成了疯狂吐痰的习惯。6月他收到的一封费迪南德·里斯的信让他高兴了一阵子，里斯那时已经结婚了，在伦敦定居。信中邀请他在接下来的一季里访问伦敦，还代表伦敦交响乐协会为他提供三百畿尼的资金，要他创作“两部大型交响曲”。贝多芬接受了邀请，但是恶化的健康状况让他推迟了这趟旅行和创作。

1818年，约翰娜的机会来了，冬季过去之后，贝多芬的健康状况进一步恶化，而且他的耳聋已经很严重了，跟他对话的人现在得把问题写在“对话簿”上面。在借来约翰·施特赖歇尔样品室里音量最大的钢琴之后，他挣扎着要写成史上最长的键盘奏鸣曲，它被恰当地定名为“给槌子键琴的奏鸣曲”（第106号作品，降B调）。它最后的赋格是那么不协和，有一百多个战栗的颤音，这只能让人同情他加特纳大街的左邻右舍了。他居住条件的“海难”——这是贝多芬自己用的意象，已经到了空前恶劣的程度，他的脾气也是：他用一把重椅子袭击了管家。在这些混乱之中，他冲动地把卡尔从学校接了出来，安置在“家里”。

为了准备让她的监护权得以立案，约翰娜需要向普通法庭证明贝多芬的居家环境不足以让他成为孩子的监护人。他自己也意识到了这一点，并且为此雇佣了新的管家和厨师，还请了一个全职的家庭教师，取代詹纳塔西奥学校的人。但是雇佣别人就意味着要去管理他们。贝多芬惊异地发现当他的仆人给他做饭的同时，他也得喂饱他们。由于他多疑的天性，他在任何事上都无法信任他们，每花一分钱他都要跟他们吵，狂热地监督着洗碗布、盐和袜子的供给。家庭教师需要被告知该教什么。而在课上完之后，这个没有母亲的十二岁孩子还需要倾听——而贝多芬如今已做不到了。

他只能尽量不让约翰娜知道他作为一家之主是多么无能，以及他自己的心灵和身体病得多重。卡尔和詹纳塔西奥是最佳证人，但是他不让约翰娜接触到他们，甚至还试图掩盖卡尔现在正与他一起生活的事实。自然，约翰娜还是发现了。与自己的儿子分离六个月之后，绝望的她用钱获得了贝多芬的仆人们的信任。

这很容易。贝多芬对他的新佣人还是那么坏，就像以前对待数不清的其他佣人一样。多年来，他一直宣称他们欺骗了他、毒害了他、抢了他的钱、背叛了他。约翰娜给他们咖啡、糖和钱，他们则同样回报了她。就在贝多芬和卡尔 5 月准备搬到附近的默德林之前，他们安排孩子与母亲秘密地见了一面。这是约翰娜两年多来第一次与他单独在一起。

贝多芬似乎收到了一张匿名便条，得知了这次会面。贝多芬对此事的回应可用“恐惧”来形容，这也是他自己用的表达心理关口的一个词语。他把卡尔安排在了默德林一个私立天主教班级，然后把两个仆人都解雇了。但是事情已经无法挽回，约翰娜得到了她想要的信息。“这件事让我的心受到了可怕的震惊，我几乎不能从中恢复过来……”贝多芬给施特赖歇尔夫人的信里说，“不过，还没有必要把我送进精神病院。”

鉴于他接下来两年里如脱缰野马一般的妄想——起因是他觉得

自己对卡尔的掌控已经开始松动——可能进精神病院反而是个仁慈的选择。不过要是那样的话，我们就听不到他最伟大的交响曲，也听不到他最伟大的变奏曲套曲，还有他最伟大的合唱作品了，这些都是他在完成他最伟大的钢琴奏鸣曲之后写的作品。所有这些完美的杰作都是在精神错乱之中诞生的，就像是星云从幽深的太空里回旋而起。也许它们像贝多芬的其他作品一样，跟他的日常生活没什么特别的联系，但是它们那种平静的中心主义保护了他，没让他崩溃。

9月的时候，普通法庭结束夏季休庭，一开庭，约翰娜就递交陈情书，要求解除贝多芬对她儿子的教育控制权。她的请求立即就被拒绝，于是她又提交了一份，指出贝多芬的耳聋和不良的身体状况，并且请求允许把卡尔送到国立机构，即帝国皇家精修学校。贝多芬那时候正在为让卡尔进入学术高级中学而请人给他上课，无视了法庭要求作证的传票。但是约翰娜的决心以及普通法庭的传票上使用的不祥的"联合监护人"字样让他警觉起来，便通过一封简短的律师函做了回应。

信中提醒法庭，凡·贝多芬夫人"道德上没有行为能力"这一点是之前判决不利于她的根据，还指责她把注意力转移到他的"耳聋——据她所称的耳聋"这件事表现了她的"恶劣品质"。他坚称自己能"极为自如地"与亲近的人交流。这个短语圆滑地避开了关于对话簿的话题。他声称精修学校宽松的探访规定会让约翰娜在不受管制的情况下接近"我的监护对象"，还强调他为了让卡尔接受最好的教育所花费的巨资。"就算是最温柔的父亲都不可能像我对他这样对自己的儿子那么好。"

10月3日，约翰娜的第二份申请被拒绝，卡尔成了高级中学的一名学生，在家还要额外学习音乐、法语和绘画的课程。然后，在

12 月 3 日晚上，他把命运掌握到了自己手中，逃到母亲的家，身后留下一封满是责备言辞的信。

第二天一早，范妮·詹纳塔西奥和她父亲一起迎来了满脸泪水闯进他们家门的贝多芬，他给他们看了信。“他竟以我为耻辱！”约翰娜负责地采取了行动，立即写信说她会把卡尔送回去，但鉴于她“已经很久没有见到他了”，在天黑之前，她并不着急送他走。贝多芬确信她意图在这期间把卡尔诱拐出城，跑到他在林茨的弟弟家中去。他像是神经错乱了，想象着六年没讲过话的约翰正在跟约翰娜一起密谋把他的“儿子”夺走。

“看到这个男人如此痛苦，看到他哭泣——这真是太感人了！”范妮在她的日记里写道，并极大地享受着这幕剧带来的快感。贝多芬急匆匆地寻求官方协助以找回卡尔。约翰娜本人四点钟的时候带卡尔去了一家警察局。除了性格坚强，她显然也很懂法律事务。这桩事件给了她一个重新立案的绝佳机会，她可不想因为任何藐视法律的态度而受影响。

卡尔那天晚上睡在贝多芬的公寓里，对回到这里并没有表现出任何伤痛。他性情平和，不像他那躺在床上受折磨的伯父。显然，这孩子有足够的时间告诉约翰娜她和她的律师需要知道的一切
比如，他逃出来是因为害怕贝多芬会因他偷钱买糖果而惩罚他。这一威胁和这种调皮的行为本身都足以当作监护不当的证据。

第二天早上，也就是 12 月 5 日的时候，卡尔回到了詹纳塔西奥学校。由于又将迎来一场不可避免的法庭大战，贝多芬觉得应该有专业人士来照顾这孩子。“他告诉我说这件事让他神经紧张，所以花了些时间才理清思绪，”范妮写道，“在夜里，他都能听到自己的心跳声了。”这个“听到”，从一个耳聋之人口中说出来有一种特别的

力道。

1818年12月11日成了贝多芬一生中最丢脸的一天。他被普通法院传唤，然后被迫听了一段不利于他的毁灭性证词。约翰娜和卡尔在被问讯时都表现冷静，实话实说。他们明确表示对他没有恶意。当问起贝多芬有没有虐待行为时，根据法庭的记录，卡尔是这样回答的："他经常惩罚他，但是只在他应该被惩罚的时候；他只有一次被虐待过，那是他回来之后的事；他的伯父威胁说要绞死他。"

约翰娜没说她一直被"禁止"探访她的儿子，只说她在被允许见他面的时候才见，而"他不在那儿"。为了支持自己再次获得联合监护权，她又提交了由她继父的兄弟霍夫孔泽皮恩特·雅各布·霍特什瓦写的一封极富感染力的上诉书。这位贵人一直是贵族家孩子的家庭教师，而且对贝多芬三兄弟都很熟悉。他告诉法庭说他们三人都很"怪异"。在他接下来的论证过程中，"路德维希"这词被用了五次，并且一再强调这位作曲家的"好心"和"良善"。然而，这个"第一眼就让人发现天赋非凡"的孩子不应该只由贝多芬一个人掌控，"不然会对他的幸福造成极大的威胁，并且还可能会给他的道德和身体带来扭曲"。

两份强有力的文件让约翰娜针对贝多芬的案子彻底结了案。一份是由默德林的郊区牧师写的，他说卡尔不服管教而且很狡诈，只要用"渡鸦母亲"这个词语就能操纵他伯父。另一份是卡斯帕·凡·贝多芬曾经的一封信，其中抱怨路德维希以一千五百弗罗林的借款为名强迫他签字出让监护权："如果不是因为我长期患病花费巨资，我是永远都不会起草出这样一份文书的。"

贝多芬在为自己辩护的时候，只能咆哮着说约翰娜贿赂了他的仆人，还跟默德林的牧师同流合污败坏他的声誉。他曾经问过卡尔对母亲到底什么看法，让其“绝对要说实话”，这孩子说自己不爱她。他眼下的计划是要么雇佣一名全职家庭教师，要么把卡尔暂时送回詹纳塔西奥那里。

接下来，是给他带来毁灭的傲慢行为，速记员的记录是这样的：“半年之后，他会把他送到默尔克精修学校，他听别人强烈推荐过这所学校，或者若是有贵族血统，就可以送进特蕾西亚学校[①]。”

法庭立刻抓住了这一点出击。贝多芬兄弟真是贵族吗？“他有文件证明吗？”

三年来，贝多芬一直指望靠普通法庭的贵族裁判权作为他继续控制卡尔的最佳保障。现在他赤手空拳，在卡尔、约翰娜以及维也纳舆论界面前被剥夺了一切的尊严。他自己招来了这坦白真相的一刻，而且发现自己无法说谎。“凡，”他回答说，“是荷兰名字的一个表语，并不是贵族专用的词语；他没有文件或是任何其他证据表明他是贵族。”

12 月 18 日，贝多芬告贝多芬的案子被提交给城市行政官法院处理，这是一家处理平民案件的法院。年初的时候，贝多芬对卡尔的监护权被暂停了，直到行政官法院举行听证会为止，这样约翰娜就要回了她的儿子。贝多芬第一次感受到了被法律夺走一个孩子是什么感觉，接着在 2 月 1 日给法院写了一封言辞几近疯狂的信。他的抗议听起来很熟悉，但是他的用词要么充满性辱骂、幼稚无比，要么就是自负狂妄：

① 玛丽亚·特蕾西亚于 1746 年创办的一所贵族私立寄宿学校，具有奥地利最高的教学科研水平。

> 腓力二世都不觉得对他儿子亚历山大的教育仅指明方向是有失尊严的，因此给他找来了伟大的亚里士多德当老师……这样一个母亲居然妄图把她的孩子卷进她自己那粗俗、邪恶的秘密环境当中去……她想唤起他心中那些有害的情欲和渴望……道德感必须趁早在一个孩子的心里扎根，特别是当他不幸要吸吮这样一个母亲的乳汁时……

这信还不算他在接下来的一年里写的最疯狂的一封，因为它，贝多芬这位普通人与贝多芬这位作曲家如旋风般卷入了一连串诉讼、幻想、阴谋与极度亢奋的活动之中，产生了双重后果：给卷入其中的所有人都带来的痛苦，以及超出想象的纯粹、庄严且宏大的音乐作品。除了给歌德的《星空下的夜曲》写的优雅配乐以外，这音乐史诗般的规模要求他必须在这阵旋风突然终止之后才能完成。但是在 1819 年和 1820 年初，我们仍然有了《庄严弥撒》的前两个乐章、《E 大调钢琴奏鸣曲，Op. 109》的第一个乐章，以及共三十三首的《迪阿贝利主题变奏曲》中的十九段。不过，贝多芬把《第九交响曲》的草稿搁置在了一边。这部作品还需要些规范，因为它那极富想象力的第一乐章已经完全在他脑海里谱写完了。

在他意识领域的其他更缺乏控制的地方，无数的怪物、海妖、恶灵和死敌一直让他“从所有方面都受到折磨，像一头野兽，被误解，被人以最恶劣的方式对待”。其中最主要的就是那个善施魔法的“渡鸦母亲”，她的乳房流出的不仅有奶汁还有毒药，她有时化身为巫女喀耳刻，有时变为一条蛇，有时是“愤怒的美狄亚”[①]。她“毒害致

① 喀耳刻、美狄亚都是希腊神话中魔力强大的女巫。

命的气息”在他“被瘟疫侵害的社区”扩散开来，散播“可鄙的毁谤之词和恶毒的谣言来中伤我”。是她在法庭质疑了他的贵族身份，是她让卡尔离家出走，是她引诱了牧师，那个礼拜日的醉鬼，拿桦树条鞭打小男孩的虐待狂。至于卡尔，他属于“那个生出恶毒后代的堕落母亲”。他无情、冷酷，两次——两次！——都把手从贝多芬的手中挣脱：“我一直用心在教导他，为他流了许多泪水，这个不成器的家伙。”

3月26日，行政官法院指派了他们自己的一名顾问马蒂亚斯·冯·图舍尔代替贝多芬作为联合监护人，以回应他的这封信。贝多芬感到很受伤，但是也没有完全丧气。实际上，他也推荐了图舍尔，认为后者是个可以接受的替代者。行政官法院似乎在格外费心地顺从这位人脉广大的著名作曲家。但是它也不能忽视一个令贝多芬倍感尴尬的事件：在卡尔仍然归他照管的时候，他有一次十分粗暴地把孩子从椅子上拉下来，导致孩子疝气的伤口流出了血。

6月，约翰娜成功说服行政官法院把卡尔送到了约瑟夫·布罗希林格尔办的很有声望的男校。若不是布罗希林格尔允许她像任何父母一样去探望她的儿子，贝多芬倒还可能容忍这个法庭判令。“我的心被撕碎了。”贝多芬给校长写信说，丝毫没被他侄子充满爱意的来信感动。

约翰·凡·贝多芬也成了路德维希妄想症的憎恨对象，因为他也与约翰娜一起配合了行政官法院，但他只不过是想保护卡尔不受贝多芬危险妄想的伤害。到现在，贝多芬的所作所为已经成了维也纳人的谈资。“有人说他是个疯子。”德国作曲家卡尔·弗里德里希·策尔特在给歌德的信中写道。这话在1819年夏天和初秋时期显然很接近事实，虽然我们也得再次赞许贝多芬心存的好意和他对卡尔真挚的爱。他想“全部”拥有卡尔的愿望并不是生理上的。他已利用安东妮·布伦塔诺的影响力让卡尔进入了巴伐利亚一所顶尖的寄宿学校，如果不是行政官法院驳回了他的要求，他未来四年里都几乎不能见到卡尔。另外，还必须要说的是，没有丝毫的证据表明他们之间存在性方面的关系。孩子和这个男人在他们住在一起的短暂时间里时刻都有人看着，有住家的仆人、家庭教师，还有络绎不绝来拜访贝多芬的人。倘若约翰娜得到了任何恋童癖行为的消息，她一定会死死抓住不放。

而且贝多芬有更确切的理由质疑她对卡尔的道德影响。至少她这个人在钱和性方面就很随便。她在艺术家舞会上以“夜之女王”的形象出现时，身边还拽着个情人，这时候卡斯帕才过世三个月，这样的行为可不是一个负责的母亲能做出来的。但是卡尔对她就像对伯父一样宽容。他甚至还可能崇拜着她：记录表明约翰娜是个强硬的法律通，是维也纳少数没屈服于贝多芬的恐吓的人。她也早于弗洛伊德七十年提出了她大伯对她的恶意是出于情欲，并且在法庭上也这么说了。在贝多芬 11 月的对话簿里，他的朋友约瑟夫·卡尔·贝尔纳德以潦草的字迹写着：“我也发现行政官法院听到什么就信什么，比如她说你爱上了她。”贝多芬口头做了回答，尽管基本听不见他说了什么。

总之，约翰娜知道如何折磨他。她建议约翰当联合监护人就是另一个故意刺激贝多芬的行为。你也不能责怪她，毕竟贝多芬靠他的法律已经把她逼得钱财紧缺、无家可归了。（他利用了鲁道夫大公在霍夫堡宫的影响力。）甚至也该为她最富灵感的爆料送上感谢，毕竟它给整个丑恶的故事加上了一抹值得欢迎的幽默色彩。然而，她也很明智地把这个故事推迟到最终被打败之后才抖出来。她怀了身孕，之后生了私生女，受洗时取名“卢多维卡”（*Ludovica*）。那时候几乎每个人都懂点拉丁语，很少有人认不出这个名字是路德维希（Ludwig）的拉丁语女名。

贝多芬赢官司的方式跟他作曲的方式一样：以激烈的能量冲向和声的解决，却一次次地推迟，好像因为他自我强加的困难而无法实现。赢来的最后一个和弦——国王弗朗茨一世亲自驳回了约翰娜的最后一次上诉，这就跟他交响曲中的任何一段一样令他满足。在普通法庭败给她三次之后，他于 1820 年 1 月 7 日向帝国皇家上诉法庭提交了上诉，申请撤回法庭对他的监护权的撤销，还附上了一封长达四十八页的悲情请愿书，从其中的内容来看完全应该把他送进精神病院。但是，尽管行政官法院反对，4 月 8 日，受理上诉的法官还是做了对他有利的裁决。（贝多芬亲自对三名法官中的两名进行的游说似乎起到了关键作用。）他们再一次把卡尔的相关事宜委托给他，并且指派了法庭的顾问卡尔·彼得斯当友好的联合监护人。双方同意卡尔未来三年都将待在布罗希林格尔先生那里。7 月 24 日，约翰娜被告知这个案子已经结案了。那个时候，卢多维卡正在茁壮成长。

路德维希·凡·贝多芬的画像里有许多空白。我们没有他母亲、卡斯帕以及约翰娜的画像。但是在所有这些空白之中，最让人好奇的还是一幅遗失了的贝多芬本人画像。它是 1818 年夏天在默德林绘制的，就在他失去“贵族”身份之前，也是在他失去大部分理智的那段漫长时期里。我们还是可以看个大概，因为画家奥古斯特·冯·克勒贝尔用文字描绘了它，而且还有部分的铅笔卡通画保存在波恩的贝多芬故居里。贝多芬站在那里，银灰的头发被风吹得有些凌乱，脸上满是凹坑，但是被晒成了棕色，看起来很坚韧。他松散地穿着一件浅蓝的双排扣外衣，扣子是黄色的，里面是白色的马甲，还有白色的领结。手里拿着一支铅笔和一个笔记本，据我们猜测，里面应该有《槌子键琴奏鸣曲》的部分内容。他表情严厉，但很安详。在他脚下，慵懒地躺在树下的是他那永远十二岁的“挚爱的儿子”。

第八章　在寂静的另一边

“在艺术的世界里，就像在我们所有的创造活动中，自由和进步是主要的目标。”贝多芬在给鲁道夫大公的信里写道，那时卡尔已经被安全地送进了布罗希林格尔的学校。

他一直在学生浩瀚的音乐图书馆里研究古老的乐谱，在听说鲁道夫将于 1820 年 3 月 9 日被封为红衣主教并担任奥尔米兹的主教之后，他就执著于一个念头，那就是要写出一部弥撒曲来庆祝这一时刻，向世界宣告路德维希·凡·贝多芬仍然可以创造出撼动天堂的效果来。“由我写成的大弥撒将在为尊贵的阁下您举行的庄重仪式中演奏，那将是我一生中最光荣的一天。”他如此狂热地说道。他想到了鲁道夫也可能期望得到点荣耀。“上帝会启发我的，”他急切地补上这些话，“好让我贫乏的才能可以为那庄严的一天献上颂赞。”

之前提到过，贝多芬在 1819 年已经写完了《庄严弥撒》的开篇乐章《慈悲经》、庞大的《荣耀经》，可能还有更宏大的《信经》中的某些部分。但是，他也开始看到这部作品隐约显现在这些入口之外的规模，这令他意识到自己不可能按时完成。所以他就把它放到一边，集中在诉讼案件的最后阶段，他的案件在鲁道夫受封一个月后结束。

他从教学和官司中获得了双重解放，很高兴能把它们转换成作为艺术家的两项孪生的迫切需求：自由与进步。贝多芬极少谈论作曲的创造性方面（也许是因为他觉得这无法用文字表达），因此，他在信里写给鲁道夫的建议值得斟酌。他明确说明“自由”——不受束缚而运用的想象力——和“进步”——所达成就的持续的独创性——若没有学识的支撑是不可能达到的。研究巴洛克大师是必要的，他们的音乐与莫扎特和海顿的音乐是那么不同。“在他们之中，当然只有德国的亨德尔和塞巴斯蒂安·巴赫拥有天赋。”但是，即便是不如他们的大师，或是更早一些的作曲家，至少追溯到帕莱斯特里纳①，都有能教你的东西。贝多芬钦佩的是他们的对位法的复杂性。“我们这些现代人，”他告诉鲁道夫，“在完整性方面还远远赶不上我们的前辈，但是我们在习惯方面的精进也扩展了我们的观念。”

他是在详尽地说明自己新风格的本质特点，这在献给鲁道夫的《槌子键琴奏鸣曲》中就很明显了：转调和变奏的极大自由空间，音乐正走向它先前未抵达之境的进展意识，乐段里对位法紧密得像接近固体状态，但又能令人意外地转化为犹如喜歌剧般轻松悦耳的旋律，还有一种整体的宏大感受，它与长度无关——尽管很难想象能有比《槌子键琴奏鸣曲》终曲更长的赋格。贝多芬显然跟他的后继者搭不上关系，这就像他跟他的先辈也没有联系一样。他根本不知道舒伯特是谁。但是在这首赋格中，继承人勋伯格和布索尼②与先辈巴赫挤着肩，而贝多芬本人则写出了钢琴能发出的最吓人的声音，直到李斯特的晚年作品才有过之。

① 乔瓦尼·皮耶路易吉·帕莱斯特里纳（1525—1594），意大利文艺复兴后期作曲家，被誉为“教会音乐之父”。

② 费卢西奥·布索尼（1866—1924），意大利钢琴家、作曲家。

相形之下，《槌子键琴奏鸣曲》的慢乐章既向后看，也向前看，在音乐中糅合了过去、现在以及标新立异的构想，让它具有永恒的品质。这里（如果那位阁下因痛风而肿胀的手指能弹出来的话）有巴赫式的曲调像花朵绽放一般转成意料之外的精巧装饰、极速转调、怪异的舞曲旋律，震撼人心的寂静，像歌剧一样轮换的场景，法国式和意大利式的乐句转承，还有贝多芬独有的音效："像从地窖里发出的"深沉低音，弱音和不加弱音器弹奏的持续相互作用，以及像风铃般回响的不规则单音。最引人注目的还是和声的宽广：钢琴的最高和最低音域似乎比从前任何时候都隔得远，同时却又被同一个重力中心控制在一起。[①]

甚至在贝多芬开始写《庄严弥撒》之前，他就已经很明确地确立了一种普世的风格。他再也不急着完成这部作品了，因为鲁道夫"庄严的一天"已经来了又去。他决心把它变成自己的代表作，而且根据《费德里奥》和《英雄交响曲》的经验，他知道伟大作品都有它们自己的契机。到目前为止，还没有迹象表明他三十多岁时满溢的灵感洪流会回来。但是想法仍然在不断冒出来，且他现在已经不需要挣扎着让它们完美。这些日子里，他主要苦于避免陈词滥调：绝不写传统的音乐，哪怕是像莫扎特大量写就的那种也不行。每个音符都要量大小，称轻重，测试力度，然后在他脑袋里隔音的盒子里试听。

虽然贝多芬抱怨着自己"封闭的感官"，耳聋而且眼睛也近视，但事实是在他适应在"另一边寂静"的生活之后，他的音乐在声音

① 大部分出于贝多芬的要求，维也纳的钢琴制造者那时已经把这种乐器的音域提高到了六个半八度（七十八个琴键）。——原注

上更丰富了。约翰·罗素，一位于1820年造访维也纳的英国人，是罕有的看到这位作曲家在琴键边与自己交流的人：

> 他弹钢琴的时候，通常一个音符也没弹出来。他自己在“思想的耳朵”里听到了它。而他的眼睛和几乎察觉不到的手指动作，表明他是在跟随着灵魂里的旋律，借助的是它即将消亡的音调变化，这件乐器其实已经是哑巴，就跟音乐家是聋子一样。

贝多芬甚至把声音的分解也变成了艺术——例如，他为歌德的《平静的海》写的配乐当中，用来表达“死一般平静”（*To-des-stil-le*）的音节彼此分开，伴随着拨奏曲分别吟唱出辅音，与其说是拨奏，不如说是干干的手指轻抚而过。

有时他的残疾也会造成失误，比如在第八交响曲的第一乐章里，管弦乐队的巨响就盖过了低音主题的回归。但是这种情形是极少的。贝多芬晚期的许多真正丑陋的乐段并不是意外，而是他有意为之，与巴赫作品中的相似时刻只在程度上有所区别。他“听得到”不协和音，精确度正如他对每一个微妙区别的计算一样，比如，在《庄严弥撒》寂静的“圣灵感孕”部分。这部分细腻的音乐，被标记为“极柔和”，要求的是一支被极度压缩的弦乐队，以收紧的、无音调的和声展开，就像是文艺复兴时期维奥尔琴的合奏。在合唱队男声的吟唱之上，独唱颂扬着圣母玛利亚的受孕奇迹，同时长笛以极高的音区独奏出鸟儿的叽喳鸣叫：圣灵仿佛鸽子。

考虑到贝多芬对弥撒和它的神话的研究广度，他有可能知道一些中世纪牧师相信的这个说法——圣母是从她的耳朵受孕的。他也一直通过这个渠道获得狂喜，从他第一次听到波恩教堂的钟声和格里高利圣咏开始。但是我们也就不要再做更深的猜测。神迹与神迹互相对话，在音乐和宗教中都是如此。在贝多芬晚年，他已经不再抱怨自己的耳聋，而倾向于把他的灵感泉源对他人保密。

关于个人信仰，他就没这么害羞了。卡尔跟他住一起的时候，他坚持每天早晚都跪下祈祷。当面临压力的时候，他会说或写正统虔信的话语。但是他不去教堂。对他来说，正统的天主教义的重要性不及一种普遍自然神论，后者表达得模糊但是自由。在那年夏季，这种信仰似乎要降为更模糊的一种泛神论，其中异教徒的音符——那个吹笛子的牧羊人——在远处隐约可闻。“当然了，丛林、树木和岩石会发出人们渴望听到的回声。”他这么写道，自己没意识到这话呼应着华兹华斯。他最喜欢的书中，其中一本有许多潦草的笔迹，就是克里斯托夫·克里斯蒂安·施图尔姆的《对上帝在自然界工作的反思》。他觉得自己的《田园交响曲》就是一种宗教式的表达，而不是音乐印象主义，并且还特别将它对鹌鹑、布谷鸟和夜莺的模仿进行了形式化处理，以免有人说他只是写了幼稚的“音画曲”。

然而，他为《庄严弥撒》做的研究不可避免地激发了对基督教神学更深的兴趣，同时由于诉讼的遗留伤害，他开始在各种各样的宗教著作中寻找慰藉。他与自由派的天主教改革家约翰·米夏埃尔·赛勒通信，此人是安东妮·布伦塔诺的朋友，并且还摘抄宗教格言，来自地中海、印度和远东地区的格言都有。有三句古埃及的咒语般的话给他留下了深刻印象，他用大写字母把它们抄下来，并且裱进玻璃框：“我就是存在”、“我是现在、过去和未来所有的存在；在世之人没有谁揭开过我的面纱”，以及“人就是独立的自我，这是一切的源头”。这些文字主要迎合了他的自我中心主义，但是它们的那种单音节式的自我确定感能从弥撒曲四音符的“Cre-do，Cre-do”曲式中听出来。

贝多芬以音符为砖，逐个音符地构建了他恢弘的音乐结构，前后用了三年多的时间。如果把他之前写成的部分算进来，总共花了四年的时间，这是他写得最久的一部作品了。他不是一口气完工的，但是分散的专门写作这部作品的时间加起来也长达二十九个月。在这些时间段中间，随着他创作力的恢复，他写了大量最优等级的钢琴曲。除了《费德里奥》，《庄严弥撒》是他最长的作品：足足八十分钟的音乐，时而壮丽，时而亲密，时而缥缈，时而粗犷，就其对演唱者和听众毫不妥协的要求而言，甚至说得上粗暴。贝多芬确信这一定是他的代表作，而且也这么说过（虽然还有尚未诞生的音乐将改变他的想法）。作为他信仰的表达和所有技巧的顶峰，它完全比得上巴赫的《B 小调弥撒曲》，甚至在文本的整体性方面超越了这部伟大的作品。巴赫的弥撒曲大部分是由他早年出于不同目的所写的音乐累积而来。贝多芬却是从一整块岩石上切削出来的。

鲁道夫受封之后，在重新拾起《信经》创作前，贝多芬接受了一项委托，要写三首新的钢琴奏鸣曲，然后在夏天安顿在默德林之后就立即开始了第一首的创作（《E 大调钢琴奏鸣曲，Op. 109》）。它是从只有两个音符的微型动机发展而来，这个动机飘浮在《庄严弥撒》的草稿本中，就像是从大教堂的门里飘出蒲公英的种子。贝多芬晚期风格的根本悖论就在于其巨型气势里也包含极微小的细节——这可能就是他在写给鲁道夫的信中说的“精进”和“被拓展的构思”。

随着奏鸣曲一首接一首写出来，以及在弥撒曲上花费时间，贝多芬显现出了早期的衰老迹象。维也纳会议以后，用现代医学研究者的话来说，他就是“一个再也没有恢复健康状态的病人”。1820 年

12 月 16 日他五十岁生日时，他身上疾病的清单包括溃疡性结肠炎、风湿病、肺炎、热病、心脏疲劳、急剧下降的视力，以及不断复发的剧烈头痛。但是当中也有比较长的时期，他身体相对好些，因此能够享受自己矮壮、极度亢奋的身体带来的狂喜。

但是到了 1821 年，他几乎一整年都在生病，开始的时候是一场几乎致命的长达六星期的风湿热。“所有艺术界的朋友都在为他担忧。”《大众音乐报》这么报道。同时，他也长期被黄疸折磨，这是肝脏疾病的征兆，不禁让他觉得自己的身体已经濒临死亡。5 月份拿破仑去世的消息给他带来了特别大的打击，因为他长久以来对这位普罗米修斯式的人物怀有认同感。现在他自己的火也在衰微了。他拒绝写悼念作品，说：“我已经为那个末日写好恰当的音乐了。”——最有可能的应该是《英雄交响曲》之中的葬礼进行曲。或许他想到的是他十九岁时给另一位帝王写的葬礼康塔塔？另外重要的一点是，在这期间，贝多芬开始说起要回莱茵兰，“去拜谒我父母的墓地”，另外还推测自己可能死于中风，就像他的祖父路德维希一样。

那一年，约瑟芬·戴姆也去世了，他对此保持沉默。虽然他继续与“不朽的爱人”保持通信，使用修饰过的言词，以免惊动她的丈夫，但是他再没有表示出对女性有什么爱情方面的兴趣了。他晚年的朋友、帮助他的人、安慰他的人都统统是男性。他仍然能进行奇怪而笨拙的调情，而且在需要的时候会照顾妓女的生意。在他的一本对话簿里，有一个引人注目的邀请：“您愿意与我的妻子一起睡吗？天可真冷啊。”这可能是个玩笑，但是它的作者卡尔·彼得斯正要出城几天，而彼得斯夫人在床上很热情好客是出了名的。显然贝多芬只享用了一次她的垂爱，因为后来在同一本对话簿里，彼得斯取笑他“对我妻子的唯一一次拜访”，同时另一位朋友还写道：“我向你致敬，噢，阿多尼斯！”

贝多芬仍然能令人不安地在奇怪的时刻听到奇怪的声音，但是大部分时间里，就算是在他面前喊，他也听不到了。他越来越多地通过他的眼镜来“听”，一边热心地审阅别人写下来的问题，一边在铅笔还在写的时候作答。当他的作品进行排练的时候，他看琴弓和手指的动作就能立即辨别出哪位乐手没按照印出来的乐谱演奏。他越来越少地依赖钢琴作曲，但是一件六个八度的乐器让他得到了一些满足，这是从英国的约翰·布罗德伍德公司送给他的礼物。这件巨大的乐器由桃花心木制成，顶部有个锡制的圆顶，收集他弹奏的每一个音符并弹回他脸上去。①

我们可以猜到，正是在这间音乐室里面，回荡着《降A大调钢琴奏鸣曲，Op. 110》的最后几个极强音和弦，贝多芬于1821年的圣诞节完成了它。这是他在那遭受病痛折磨的一年中唯一一部大作，同时他还进行着弥撒曲的写作，而且写它的大部分时间里还被腹泻折磨。新的一年里，耳朵的疼痛又来折磨他（“这次是我的老毛病来了”），之后的胸痛风又折磨了他好几个月，其中他有两个月卧病在床。然而，他的创作力突然爆发了。除了在1822年完成《庄严弥撒》的第一份全稿之外，他还构思了“两部伟大的交响曲，它们彼此不同，它们跟我其他的所有交响曲也都不一样”。他写成了最终成为他最后的钢琴奏鸣曲的《C小调第32奏鸣曲，Op. 111》，还有编为第119号作品的十一首小品、《向剧院献礼》的序曲，以及一些合唱曲和歌曲。最后，他完成了他篇幅最大的钢琴作品，这部作品他搁置了好几年。

① 这件具有历史意义的乐器后来归弗朗茨·李斯特所有。今天，你能在布达佩斯的匈牙利国家博物馆里看到它。——原注

它就是三十三首一组的《迪阿贝利主题变奏曲，Op. 120》，既是惊人的恶作剧，又是智力上的绝技，只有巴赫的《哥德堡变奏曲》能与之媲美。

1819 年，维也纳的音乐出版商安东尼奥 · 迪阿贝利邀请五十位作曲家根据他自己创作的圆舞曲主题创作变奏曲，包括舒伯特和匈牙利神童弗朗茨 · 李斯特。贝多芬拒绝跟这么低端的一群人掺和在一起，也拒绝写这种“鞋匠的补丁”式的音乐。但是他觉得圆舞曲的和声结构很吸引人。它足够强大，能够支撑任何重量的音乐——就像他已经证明的一样，这些变奏曲听起来就像是由三十三个不同的作曲家写成的，全都比迪阿贝利原来的五十首更高超。当他的这组作品于 1823 年 6 月单独出版的时候，出版商以罕见的文采写下这样的广告词，时至今日仍然适用：“我们在这里呈现给你们的可不是变奏曲世界里的平凡之作，而是一部伟大而重要的大师杰作，它有资格与古老的经典作品共列不朽。”

通过把《迪阿贝利主题变奏曲》献给安东妮 · 布伦塔诺，贝多芬表达了音乐和她对他而言有多重要，这是用文字所不能做到的。

到那时，贝多芬已经准备好开始写他拖了很久的第九交响曲了，另外还要完成俄国鉴赏家尼古拉斯 · 加利钦亲王的一份委托，写三部弦乐四重奏。他满脑子都是关于音乐的想法（“对我来说就像是刚刚开始作曲一样！”），此外他还需要摆脱一个大累赘：《庄严弥撒》的大量手稿。这部作品还没有卖掉完全是他自己的错。迪阿贝利已经给他付了一千弗罗林，还有为三十三首变奏曲支付的两百弗罗林，只要他同意马上出版。但是，既然现在他已经确保卡尔是他的儿子和继承人，推广这部弥撒曲就成了贝多芬新的执念。他希望它能令他无比富有，给他带来空前的声望。他坚称它是“我迄今写出来的最伟大的作品”，因此不仅能巩固他的一切，而且还能带来不朽。

各方对于这部手稿的兴趣甚至在1820年鲁道夫受封之前就已经空前强烈。这大部分是由于《费德里奥》的多次演出使贝多芬再次受欢迎，这更让伦敦、巴黎、莱比锡和柏林的出版商感到激动。但是他们又一个接一个地转身走人，他与他们办事时的虚伪谎言要么惹恼了他们，要么让他们感到困惑。从此，感到尴尬的圣徒传作者们一直在证明《庄严弥撒》背后的天才并不像谱号那么扭曲。

“圣徒传作者”这个词让我们有必要介绍一下这个阶段的安东·费利克斯·申德勒。他就是那种像七鳃鳗一样吸附在伟人身上的苍白的年轻人，申德勒在1822年11月开始拍贝多芬的马屁。他是个很有抱负的小提琴手，但是当看到贝多芬深陷弥撒曲的谈判泥沼，而且急需个助理时，就荒废了自己的学业。（弗朗茨·奥利瓦自从冯·格莱兴施泰因男爵离去之后就一直在这个职位上，但是现在搬去了圣彼得堡。）申德勒在贝多芬死后用“贝多芬的朋友”这个名号到处招摇，伪造文书，还是一部极有影响力、极度扭曲事实的传记的作者，但是他在当助理的时候还是对主人很尽心的，一直到后来两人发生了争吵才离开。而且他会再回来的。

从对话簿上看不出贝多芬一开始到底有多信任申德勒。但是一封留存下来的、日期标为1822年11月22日的信件确实表明，出于讨价还价的目的，《庄严弥撒》已经变成了两部弥撒曲。“关于《弥撒曲》的情况现在是这样的，”贝多芬在写信给莱比锡的彼得斯出版社时这么说，“我已经完全写完了一部，但是另一部还没完成，我还不知道你究竟会得到哪一部弥撒曲。各方面的人都在烦我——”然后就是他那种五花八门的抱怨，说有各种分心的事让他无法创作。

那一年早些时候，他已经专门把《庄严弥撒》卖给了彼得斯出版社，价格“至少”是一千银弗罗林。但是彼得斯只是被他哄骗和拖稿的许多出版社中的一家。第一个想到出版弥撒曲是根据合同来的人是波恩的尼古劳斯·西姆罗克，他曾经骄傲地出版过《克莱采奏鸣曲》。为了从他身上弄到钱，当《信经》还是草稿的时候，贝多芬指派了安东妮的银行家丈夫弗朗茨·布伦塔诺为他的出版经纪人，然后提前借到了全额现金。1821 年，他向布伦塔诺保证弥撒曲已经完成，同时背地里把它交给柏林的阿道夫·施莱辛格，售价一千弗罗林。施莱辛格还价以九百七十五弗罗林买下（或以为他买到了）它，接着贝多芬又重新以一千弗罗林的价格把它卖给彼得斯，得到了另一份三百六十弗罗林的预付金。钱都还没在他银行里放安稳，他又把它卖给了维也纳的阿塔利亚，在信里以前面提到的“两部弥撒曲”抚慰彼得斯，同时霸道地让西姆罗克许诺给他一千弗罗林。到 1823 年的时候，《庄严弥撒》再次进化，成了三部弥撒曲，可是没有一家出版商见过哪怕其中的一部。然后，他又想到一个计划，准备印刷精美的手稿本，以供宫廷私人定制收藏。这样，他希望能让统治阶级慷慨地给他金钱和奖章。有十个订户以每份五十达克特金币的价钱预订了，条件是很长时间内不会出现印刷版本。他们包括俄国沙皇亚历山大，法国国王路易十八，还有始终忠诚的鲁道夫。（贝多芬的音乐似乎一直不讨国王弗朗茨一世的喜欢。）就在这时迪阿贝利也以一千弗罗林的价格想得到弥撒曲，但就连贝多芬也开始担心在他的赞助人拿到他们的副本之前就把专有权卖了会有什么后果。他至少等到预订本上的一些墨迹干了才又把弥撒曲卖了给了另一个出版商——这次却是莫里茨·施莱辛格，阿道夫的儿子，他在巴黎单独开了一家出版社。莱比锡的普罗布斯特出版社也收到了类似的提案。同时，美因茨的朔特兄弟出版社请他为他们的杂志写一篇文章。他拒绝写文章的请求，但是把他的弥撒曲和新的交响曲以一千六百弗罗林的价格卖给了他们——他已经通过预订获得了比这多一倍的钱。（一个月后，他试着以一千弗罗林的价钱把交响曲卖给普罗布斯特。）1825 年 1 月，《庄严弥撒》的手稿终于送到朔特出版社。

这只是六年里的出版牌戏中的主要一幕，还有许多有关大大小小作品的其他谈判。虽然贝多芬倚赖申德勒和许多中间人的帮忙，但是除了他自己，没有证据表明他们也参与了他的欺骗行为。问题在于他是不是有意——也就是说，在头脑清醒的情况下——进行欺骗，这就很难说了。客观解读他事关生意的通信之后，我们能看出他是个知识丰富的人，但同时他也非常缺乏安全感，他的认知能力也不足以处理自己的事务，因为他在任何特定的一天里想象的，或希望给予的，或承诺的，对他来说，既是合法的，也是真心的：比昨天签的任何合同都要合法，比任何老早就过期的债都要真心。他唯一理解的货币就是音乐。对一封要求他退还预付金的法律文书，他的反应是给一包零零散散的还没出版过的小作品，或是一部“快要完成”的新作——这是贝多芬表达“还没开始写”的说法。

事实上，他在算术方面受到了挑战——不会乘除，加减法也会犯无数的错误，但这完全不能阻止他在生命的最后几年里发展出对算术的狂热兴趣。书的空白边缝和厕所的门都逃不出他运算的魔掌。对贝多芬来说，挑战是能激发斗志的：问题越难，他越兴奋。“困难是美的、有益的、伟大的。”在与他志趣相投的音乐理论的世界里，这将带来美和秩序。而在生意场上，就像他一位朋友所说的那样，这令他脑子一片混乱。

理解力的缺乏妨碍他成为自己商品的推销员。他在《庄严弥撒》

上用的计谋带来的害处跟利润差不多，而且还在音乐行业里长久地给人留下他不能被信任的印象。“看在上帝的分上，别从贝多芬手里买任何东西！”一个伦敦出版商这样告诫经纪人查尔斯·内亚特。但是可以看到，在贝多芬所有不择手段的谋划中，强制力总是压倒迷惑——实际上，纵观他整个人生也是这样：他有一种想拥有并控制所有事和所有人的强烈欲望，而且根本不管自己能否胜任。奥地利诗人弗朗茨·格里尔帕策说贝多芬“变得像头野兽”，这些字还被画上横线。

他现存的接近一千七百封信件，绝大部分都跟生意有关。从中可以看出，他本质上是个善于摆布他人的高手，他做计划，拖延，指挥，哄骗，吸纳新人，拒绝别人，有时候还明目张胆地说谎，他的受害者们没有生气简直就是奇迹。（其中之一的弗朗茨·布伦塔诺就一直没有原谅他。）从更高的层面讲，贝多芬的音乐也是善于操纵的：主题与和声组几乎总是以对立面的形式组合在一起，被强行绑在一起，被强行分离，被强行以更混乱的方式击碎，然后又被强行聚合到一起，其力量之大不禁让它们密不可分地融合在一起。

这股力量在1822年年末的时候达到了最大值，那时他每天写作十八个小时，修改着《庄严弥撒》的最后几页，情绪高昂：“感谢上帝，贝多芬能作曲。”两份来自外国的委托几乎同时找上了他：加利钦亲王请他写“一首、两首或是三首新的四重奏”，另一封信来自费迪南德·里斯，代表伦敦交响乐协会出价五十英镑请他写一首新的交响曲。虽然前一份委托可能远比后一份赚钱（加利钦愿意出任何价钱），但是力量与对又一个巨大挑战的渴望还是胜出了。贝多芬两份委托都接受了，给了亲王一个模糊的交稿日期，然后一头扎进他《第九交响曲》的创作中。

在他的所有作品中，这一部酝酿时间最长，也是他最具野心的尝试——甚至比《庄严弥撒》更甚，要调动他所有的技巧，管弦乐与合唱都有。前文提到过，贝多芬年轻的时候发誓要把席勒的《欢乐颂》“一节一节地”配上乐曲，还有1815年当他走进满是繁星的夜晚时，那段闪过他脑海的主题，此外还有他1817年写下的一个蕴藏了充沛力量的开篇乐章的草稿。

它究竟蕴藏了多少力量，大概从1824年5月7日它在维也纳凯伦特纳托尔剧院产生的效果就能估算出来。坐满剧院的观众情绪高涨，因为年初的时候曾有谣言说贝多芬已经不再尊重维也纳的音乐品位，准备把他《第九交响曲》的欧洲首演定在柏林。谣言是真的，而且加利钦亲王同时将在圣彼得堡首次演奏《庄严弥撒》，这也是真的。三十位维也纳的权贵人士在《剧院报》上发表了一封公开请愿，请求“这一位我们所有人都不得不承认是所有在世的人中最重要的人物”不要让维也纳失去首次聆听“您创作出的最新杰作”的机会。贝多芬对此感到很得意，同意了他们的请求，并让申德勒着手筹划他人生中最后一场大型音乐会。

由于弥撒曲惊人的篇幅，音乐会上只演奏了三段，在它之前演奏的是《献给剧院》的序曲。幕间休息之后，就是宣传单上写的“大型交响乐，终曲将有独奏与合唱登场，表演席勒的《欢乐颂》”。出于显而易见的原因，贝多芬无法亲自指挥，但是他被鼓励与米夏埃尔·乌姆劳夫一起上了指挥台，给全部四个乐章定了节拍。

因此，正是他的下拍[①]带来了交响乐历史上最具革命性的声音：一个长久地盘旋着、几乎听不见的空五度和弦看似静止，却在酝酿

① 此处指乐队指挥向下一挥以表示一个小节的第一拍。

着风暴。在远远高出层云的天际，一连串断断续续的A调空五度极轻、极慢地落了下来，像是远方闪电的投影。它们不断地重复，声音没有更响，但是更频繁，与此同时，盘旋的空五度和弦阻碍了任何加速感。零散的管乐器加入了A音上笼统的低音（整个宇宙正在调弦吗？）。接下来，一支低沉的巴松管出人意料而且不合拍地奏响了D音。紧接着，仍然没有任何渐强，充满了整个音乐厅的空间感获得了另一个额外的维度。这不是A调的交响曲，而是D调的史诗。现在，断续的空五度和弦开始狂野地增长，低鸣也变成了咆哮，然后，一个由所有元素组合成的巨大主题以极强音轰然砸下。贝多芬的《第九交响曲》启动了，此后在这个世纪余下的时光里，交响乐作曲家将徒劳地尝试写出比它听起来更宏大的音乐。

关于以下事情发生的准确时间，有不同的说法：要么是在谐谑曲之后（以它突如其来的把“闪现的”主题扔出正拍的定音鼓独奏），要么是在合唱的终曲之后（以它带来高潮的赞颂欢乐并拥抱亿万人民的二重赋格）。不管在哪个时刻，当听众的情绪因喜悦而爆发时，贝多芬却背对音乐厅站着，沉浸在面前的乐谱之中。独唱歌手中的一员，十几岁的女高音卡罗琳·翁格尔不得不上前轻轻地拉了拉他外套的衣袖，然后领着他转过身，好让他看见这激动的场景。

“在我一生当中，”申德勒之后在他的对话簿里写道，“从未听到这么狂热且这么衷心的喝彩。”实际上，交响曲的演奏有四次被听众狂乱的喝彩打断，直到市警察署长不得不号召大家保持秩序。只有帝国包厢里一直很沉默，因为它根本就是空着的。十年前，在贝多芬的《荣耀的一刻》首演会上，他那时还受到欧洲皇室的敬仰。而现在，也许是他职业生涯最奇怪的转折点，他成了人民的英雄。《第九交响曲》获得了非凡的成功（必须安排一场重演），尤其是因为在这部作品里，贝多芬以不失水准的智识高度奏响了打动平民主义的音符。鉴赏家们将膜拜它对位法和曲式上的复杂性以及各种细节，例如慢乐章的主题里长长的C调花奏，它痛彻人心，令人几乎无法承受。但是亿万人民自己感到音乐是对他们说的——在终曲那让人情不自禁跟着唱起来的、圣歌一般的旋律里，在最后那五遍“全人类”的祈祷中。

四年前，大约就在贝多芬赢得卡尔的监护权，并开始摆脱音乐和精神方面的混乱的时候，与他同时代的形而上学者珀西·比希·雪莱发表了一首伟大的诗歌，碰巧标题是“解放了的普罗米修斯”。它的前言文字制造的意象令人难以忘怀：“思想的云在释放它收集的闪电。”虽然雪莱描述的是即将诞生的浪漫主义，但是他的比喻也适用于《第九交响曲》的开篇，它在贝多芬心中早已成型。而且音乐当中也有非常之多的浪漫主义，那是在风暴最终爆发的时候：有那许多星光的搏动、充满渴望的和声，还有同样多的击出的闪电。

雪莱接下来的一句话也很适用：“制度与观念之间的均衡……将得以重建。”艺术家贝多芬已经释放出了他最后一部向公众演出的作品，一家协会委托他创作此曲，并且有一个代表团请求他演奏。在1824年夏天，他自由了，可以做他自从接手《拉祖莫夫斯基四重奏》以后一直想做的事了：让自己完全投入到这种最需要动脑筋的音乐媒介之中。

但他也不是完全自由的，眼下还有一些短小的钢琴曲要写，它们写给——不是别人——偏偏是约翰·凡·贝多芬，这个无法辨别降E调符号与耳环有什么差别的人。两兄弟在为卡尔的教育问题发生争吵之后和解。这部分是因为约翰现在是个富人，退休之后在克雷姆斯河附近的格勒圣多夫买了座大房产，同时在城里还保有一间公寓。路德维希的财政混乱偶尔需要紧急借款，而约翰总是方便借个一袋子银币的。因此，必须跟他增进感情、去容忍他，有时候甚至还得回报他。他是个和善的好人，自觉不如自己的名人哥哥，而且渴望能被那些久经世故的家伙们认可，因此给他一组小品曲当礼物，当他高兴的时候还能获利，这应该足够让他原谅路德维希当前欠他一千五百弗罗林的债务。

贝多芬接下来不知感恩地解雇了申德勒（“我感到一种恐惧，总有一天巨大的灾祸将因你的缘故降临到我身上”），然后回到巴登休养，并写完了《钢琴小品六首，Op. 126》。接着，6 月的时候，他决定加利钦亲王要的弦乐四重奏的第一部为降 E 大调，这是他从前许多“英雄主义”作品用的音调。贝多芬似乎在向年轻的自己以及莫扎特与海顿的灵魂鞠躬敬礼，他写了三个长而丰沛的和弦，分别在主音和弦、属音和弦和下属音和弦——古典风格的三大支柱，然后让最后的一个飘散汽化成既不是新的也不是旧的，而是永恒的音乐。没有哪位作曲家，不论是年老眼瞎的巴赫还是八十多岁的威尔第，能如此完全地超越他们年轻时的音乐。

贝多芬的创作生命接着又延续了两年半。在那段最后的日子里，其间还长期被病痛打断，身体虚弱，他完成了加利钦的委托，写完了《降 E 大调弦乐四重奏，Op. 127》，另外还写了两首，《降 B 大调，Op. 130》和《A 小调，Op. 132》。他紧接着又完成了最后的两部作品，之所以要写完全是因为他无法控制自己涌上来的灵感：《升 C 小调，Op. 131》和《F 大调，Op. 135》。这五部作品，加上《大赋格，Op. 133》，都被公认为代表西方器乐的顶峰。贝多芬本人认为第 131 号作品是他最完美的一部作品。

除了约瑟夫 · 克尔曼和罗伯特 · 温特富有启发性的技术分析以

外，很多人在这些四重奏上浪费了无谓的笔墨。它们自身就说明一切，并且是以最为精准的语言——例如，在《致远方的爱人》充满渴望的主题突然穿过听觉之窗飘进升 C 小调弦乐四重奏中的时刻。对于敏锐的听众来说，贝多芬失去的爱人在这里的回魂就跟在莫奈的《红围巾》[①]里出现在窗口的年轻女子一样触动心弦。

1824 年秋，卡尔十八岁，变成了一个招人喜欢而且能说会道的年轻人，他主要的问题就是贝多芬毁灭性的控制欲。他现在是维也纳大学的一名文学学生，跟伯父生活在一起，而且渴望参军。十八岁是男性力比多活跃的年纪，因此卡尔认为偶尔晚上不待家里完全是他自己的事情，但是贝多芬却担心得几乎发疯。他想象卡尔正与他们的管家偷情，因此安排人去监视这个年轻人："我正为一个成长中的年轻人感到焦虑，恶龙的毒气将对他产生何等的影响啊！"他对卡尔最好的朋友产生了极度的恶意。伯父和侄子之间——或用贝多芬的话说，是"父亲和儿子"之间——经常大声争吵，为此，他们约翰纳斯大街的房东把他们赶走了。

毫无悬念，贝多芬当然反对卡尔当兵的愿望，因为卡尔可能会被派驻外地。1825 年春，卡尔暂时妥协，注册了维也纳科技大学的商业课程。贝多芬再次搬到巴登，被严重的结肠炎和肺部疾病折磨（"我吐了非常多的血……有时候血就从鼻子里流出来"），同时因把侄子留在了城里而烦躁不安。三十五封信不断地打断卡尔的学业：抱怨、各种购物需求、命令其周末去看望他、爱的表示、请求同情（"我一直不停地在变瘦……我现在又是哪里受伤了，哪里被撕碎了"）。由于小伙子没能按照预定的日程去看他，贝多芬感到痛苦而绝望：一

① 这幅画现在是美国克里夫兰艺术博物馆的永久藏品。——原注

封信的署名写着“不幸的，我还是你父亲，或不是你父亲更好”。他威胁要中断小伙子的学费，还痛斥卡尔榨干了他的收入。约翰（现在又跟路德维希疏远了）和约翰娜又以假想敌的身份出现在他脑海里，这次还有约翰的妻子和他的继女，“他那个肥成一团的娼妓和私生子……都是远在我之下的东西”。

显然，贝多芬又陷入了另一场妄想症的大爆发。但是就在他写下这些最后的文字之时，他从肠道炎中康复了，并且写出了《A小调四重奏，Op. 132》的慢乐章，标注的上标为：“一个病人在康复中对上帝的感谢之赞美诗”。这首曲子用的是白键调性，古希腊的利底亚调式，散发出一种超越尘世的宁静感。

那个秋天，贝多芬搬到了后来成为他最后一处住所的地方，拥有五间套房的维也纳舒瓦茨施潘尼寓所（又称“黑衣西班牙人寓所”，得名于曾经在这里住的西班牙本笃会修士）。他自己被称为“西班牙小子”的日子早已远去：他的肤色现在已经永久地变成了蜡黄色，而他的头发是灰白的。

卡尔在那个夏季享受了独立生活的乐趣，对再次合住感到意兴阑珊。在接下来的冬季和秋季，贝多芬过分的监管给了这个年轻人巨大的压力，令他精神开始崩溃。1826年仲夏，他拼命学习争取被科技大学录取，同时开始离家远远的，不是为了寻欢作乐，而仅仅是想躲开贝多芬爱与责难的轮番轰炸。他为伯父不会偿还的一些债务而痛苦，又担心自己的考试，于是不时表现出想自杀的迹象，买了两把手枪。在8月6日那个周六，他去了巴登城外高地上的劳恩斯泰因废墟，拿着两把手枪同时对着自己的脑袋开了枪。

一颗子弹打偏了，另一颗打中了，但是没伤到他的脑袋。一个牲口贩子发现了他，把流着血的他从悬崖上背了下来。他恢复意识之后，请求把他送到维也纳的母亲家。正是在那里，悲痛的贝多芬找到了他。

“现在就不要用抱怨和责骂来折磨我了，”卡尔在拿过来的对话簿里潦草地写道，“一切都过去了。”

成为过去的是贝多芬拥有并控制他的能力。卡尔在维也纳综合医院接受手术移除了子弹，身体康复，然后满怀决心地谈了他要参军的愿望。一位治安官要求他说出自己自杀的原因，他简单地说：“因为我伯父让我痛苦得想死。”

贝多芬自从这件事之后看起来就像是个七十岁的老人，他承认了自己的失败。“我所有的希望都破灭了，”他给申德勒的继任者，一个名叫卡尔·霍尔茨的年轻小提琴手这样写道，“我希望的不过是有个与我优秀品格有哪怕一点点相像的人在我身边啊！”

回到这个故事里，约翰·凡·贝多芬的身影又悄悄地跟上来了，他身形瘦削，斜眼睛，一张狰狞的大嘴，就像个高地荷兰人版本的伊卡博德·克莱恩[①]，还被优雅的维也纳人嘲笑他那暴发户风格的衣着和染成黑色的头发。多年来，不管是不是在跟路德维希吵架，他多次邀请他哥哥到他格勒圣多夫的庄园来住，保证说“肥肉团”和“私生子”绝不会打扰。

9 月 25 日卡尔出院之后，约翰又发出了邀请，建议来克雷姆斯河边的葡萄酒庄园度假将对伯侄两人都有好处。路德维希此时又患上了黄疸，还有水肿的迹象，正需要静养一段时间，并让别人帮他打理家事，以便完成他最后的一首四重奏——《F 大调四重奏，Op. 135》。卡尔也需要在进行入伍面试前让脑袋上的头发重新长起来，

① 华盛顿·欧文的小说《睡谷的传说》中的乡村教师。

好盖住伤疤，给他面试的将是陆军元帅约瑟夫·冯·施图特海姆，他想进的军团的司令官。所以在9月28日，他们两人就动身前往多瑙河谷地。

他们第二天就到了，约翰房子周围的乡村景色让贝多芬愉快地回想起了“莱茵的乡间……那时我还年轻”。房子是一座带围墙的大庄园，在格勒圣多夫村里延绵有半英里之广。贝多芬的房间在高处，也很宽敞，视野开阔，能向着维也纳的方向望很远。在这里，他看起来十分满意地安顿了下来，并且立即就开始执行他乡村生活的日程表：早上5点30分起床，喝一些浓咖啡，然后在书桌前工作几个小时。他写曲子的时候，会用脚后跟打拍子并且跟着唱起来。跟家人用过早餐之后，他就带着他的笔记本奔进田野乡间，边走边喊，挥动双臂胡乱地比划什么。不知道他是什么人的乡民盯着他破烂的衣着和肿胀的脚踝，当他是个疯子，也就没去管他。

贝多芬不在室外写稿的时候，就在房间里继续奋战《F大调四重奏》的清稿。他在10月中旬完成了这部作品，以一个神秘的双重暗号为基础写了它的终曲：三个慢音符被标上了“必须如此吗？”，还有三个快音符被标上了“必须如此！”这两句格言后来被舒曼称为“斯芬克斯之谜”，学者们围绕它们的猜测几乎与对“不朽的爱人”一样多。有的人将其解读为贝多芬面对即将到来的死亡表现的英雄主义意志；另一些人认为它们代表了宇宙的阴阳二元论。由于贝多芬从未解释，这也有可能是他出于自己奇特的幽默感故意制造的神秘。我们知道在某些天，当白昼将尽的时候，他偶尔能听到一些尖锐的噪音。那有没有可能，这个“必须如此”的句子，以其在整个乐章中不断重复的喧闹的四度下行，其实表现的只是格勒圣多夫公鸡的啼叫呢？

无论如何，这所谓的最后一部作品其实并不是他最后的创作。在冬天回维也纳之前，他还有一部音乐作品要完成：要给《降 B 大调四重奏，Op. 130》重写一部终曲，替换掉原来的《大赋格》。马蒂亚斯 · 阿塔利亚愿意额外付一笔钱，他说赋格太大太难，应该单独出版。11 月 22 日，替换的乐章写好了，邮寄了出去。

虽然约翰很欢迎哥哥住在自己的庄园里，两人因儿时住在更差环境的记忆而产生了心理上的联系，但是他开始注意到路德维希根本不着急走。快到 12 月的时候，人们终于领悟到这事的理由：贝多芬故意拖延着不走，就是为了把卡尔抓在手里。很快，天气会变得很寒冷，这个病着的人就不能再坐车旅行了。约翰不得不给路德维希写一张以“亲爱的哥哥”开头的便条，督促他赶紧带着“这个天资聪慧的年轻人”回城里进行他的入伍面试。“这是你的责任，如果你以后不想被自己和其他人责怪的话，就尽快让他开始追求自己的职业志向吧。”

结果，在 12 月 1 日一早的刺骨寒风中，贝多芬和卡尔愤愤地走了。约翰没有提出让他们坐自己封闭式的马车。他们挤上一辆敞篷车，向南经过寒风呼啸的平原，踏上往东通向维也纳的驿道。车子走得很慢，他们被迫在一家没有供暖也没有防寒遮窗的农家旅馆过夜。大约午夜的时候，贝多芬咳嗽着醒了过来，发起高烧，身体两侧痛得像刀割一般。他按照自己血液过热时的通常做法，喝了几杯冰冷的水。那之后他就睡不着了。第二天早上，他被人抬进了马车里，他患了胸膜炎，生命垂危。而接下来的这天，面前还有颠簸摇晃的漫长旅程。

他没有厚衣服避寒，之前打包行李的时候疏忽了，只带了夏天的衣物。但是有件东西他无论如何都没忘记：一份还没完成的弦乐五重奏的手稿，在格勒圣多夫的时候，他寄出《弦乐四重奏，Op. 130》的乐稿之后就立即开始创作它了。所以，也许是约翰误解了他不想离开的理由。

许多年后，安东尼奥·迪阿贝利尽其所能把手稿的片段拼到了一起，然后以“贝多芬最后的音乐思想”为名将其出版。

告别词

1826年12月2日，周六，贝多芬一到黑衣西班牙人公寓就被送到床上躺着。卡尔和卡尔·霍尔茨忙着照顾他，同时开始找最好的医生。伊格纳茨·瓦鲁赫医生于12月5日被聘来了，他是一位医学教授和执照医师，他在贝多芬的对话簿上写道："我非常崇拜您，一定会竭尽全力让您很快康复。"

他发现折磨贝多芬的不仅有肺炎，还有胸膜炎和咳血。一周过去，瓦鲁赫医生实现了他的承诺，贝多芬又能在房间里走动并且写写信了。他的身体还没康复到能写音乐的程度，只是在给朋友写信的时候会习惯性地胡写上几首卡农或是歌曲的片段。

与此同时，卡尔已经被招收进冯·施图特海姆陆军元帅的兵团，而且受令在12月14日去报到。瓦鲁赫医生发现贝多芬"极度焦躁，全身发了黄疸"。前一天晚上，他因某种"巨大的悲痛"而"暴怒发作"。"他全身发抖打哆嗦，因肝脏和肠道的剧痛身体蜷缩一团，而且他的脚本来还只是轻微浮肿，现在已经肿得很可怕。"

浮肿——这是19世纪致命水肿病的症状——让贝多芬又躺回了床上。但至少他读到对话簿里卡尔的留言之后还感到了一丝慰藉："我还能在这里多待五六天。"量尺寸做制服以及其他一些程序上的耽搁进一步推迟了这位年轻人离开的日期。约翰·凡·贝多芬从格勒圣多夫赶来了，以一个训练有素的药剂师的身份前来帮忙。

12 月 16 日，贝多芬五十六岁了。

到 20 日的时候，他的水肿已严重恶化，让他感觉自己快窒息了。瓦鲁赫医生不得不对他进行腹部穿刺排出积水，在场的有卡尔、约翰，还有带着阴险用心归来的安东·申德勒。二十五磅积水从他体内喷涌而出。贝多芬还勉力说笑："教授，您让我想起了摩西拿他的手杖敲石头的事。"但是残留的积水还在继续往外冒，总计有一百二十五磅，这让他陷入绝望之中。

一件来自伦敦的崇拜者约翰·施通普夫的大礼让他开心不少。那就是四十卷版本的亨德尔作品集。这些书都非常大，贝多芬得把它们支撑在墙上才能读。他一边读一边发出赞叹，有人听到他说："亨德尔是有史以来最伟大、最出色的作曲家。我仍然需要向他学习。"

听到他这么说的人是格哈德·冯·布罗伊宁，斯特凡·冯·布罗伊宁十三岁的儿子，他在贝多芬最后的日子里也经常来看他。斯特凡第一次与贝多芬相遇的时候也是十三岁。这些来自往昔岁月的幽灵，加上读着另外两位最老的朋友弗朗茨·韦格勒和埃莱奥诺雷·韦格勒充满关爱的信（"难道您不想再看看莱茵河吗？"），让贝多芬的思绪日益飞向波恩。他记起弗朗茨有一次把他的房间刷白了，"给了我一个愉快的惊喜"。他一直保存着埃莱奥诺雷的侧面画像，它似乎象征着"我年轻岁月里一切美好而可爱的事物"。

卡尔整个假期都对他特别好，也知道他们可能再也无法见面了。1827 年 1 月 2 日，他不能再推迟报到，离开维也纳前往他所属军团驻扎的伊赫拉瓦。第二天早上，贝多芬拿起了纸和笔，用颤抖的手写道："在我死之前，我宣布卡尔·凡·贝多芬，我挚爱的侄儿，是我所拥有的一切财产的唯一指定继承人。”因此，在他弥留之际，他最终放弃了卡尔是他儿子的念头。但是，他收到的从伊赫拉瓦来的第一封信却明确称他为“我亲爱的父亲”。

陆军元帅冯·施图特海姆对卡尔很好，所以得到了《升 C 小调四重奏，Op. 131》的题献——这立即让元帅成了历史上最受尊敬的士兵。

贝多芬继续坚持了将近三个月，又接受了三次腹部穿刺，最后一次是在 2 月 27 日。但他依旧那么爱吵架，所以瓦鲁赫医生不得不遵命让位给乔瓦尼·马尔法蒂医生，这位医生的女儿就是贝多芬曾经想娶的特蕾泽。马尔法蒂给病人开了一个疗程的果汁潘趣酒和其他加酒精的热敷药剂，这让贝多芬很开心，但也带来了毁灭性的后果。他注意到——或是一直都知道——贝多芬是加烈葡萄酒爱好者。不出所料，贝多芬滥用了他开的处方，喝醉并且开始腹泻。在浸了水的烫干草种子和卷心菜叶堆里进行的原始蒸汽浴，除了让他更干渴之外没起到别的作用。但是他还不满足，仍然想念着波恩，于是他求美因茨的朔特兄弟给他寄“几瓶莱茵葡萄酒，或是摩泽尔葡萄酒”。

有一次，他闻名于世的火爆脾气又爆发了，因为有人给了他一幅画有一座房子的平板画，上面用大写字母写着“约瑟夫·海登①的出生地”。他注意到这个拼写错误，气得脸都红了。“到底是谁写成了那样？……居然连海顿这样的大师的名字都写不对。”

由于他永远都担心着钱的问题，他又陷入了抑郁的魔咒之中，给伦敦交响乐协会写信悲戚地诉说自己有多么穷困。协会迅速投票筹了一百英镑（一千弗罗林）寄给他，他于 3 月 15 日收到钱。贝多

① 画上误拼为“Joseph Hayden”，海顿的名字应为“Joseph Haydn”。

芬大喜过望，以致腹腔穿刺都破裂了。“*Plaudite, amici, comoedia finita est.*”他这么说道,引用的是许多拉丁语戏剧中的口号:“鼓掌吧，朋友们，喜剧结束了。”

当贝多芬快死了的消息在维也纳传开之后，他的朋友们纷纷涌来：莫里茨·利赫诺夫斯基伯爵，伊格纳茨·舒潘齐格（他现在又从俄国回来了，而且常常在贝多芬晚期的弦乐四重奏中担任小提琴首席），迪阿贝利，冯·格莱兴施泰因和施特赖歇尔，甚至还有以前的一位房东，他们原谅了他的一切，还带来糕点作为礼物。许多其他的朝圣者涌上去黑衣西班牙人公寓的路。但是有一个年轻人特别害羞,一直都在贝多芬的附近徘徊,不敢直接找他——虔诚的弗朗茨·舒伯特。

3 月 23 日，贝多芬听从斯特凡·冯·布罗伊宁的建议，给他的遗嘱上加了一行附注。这条附注保证了他的遗产能一直归卡尔和卡尔的后代享有。他在上面签上“路德维希·凡·贝多芬”，然后丢下笔：“好了！现在开始我不会再写任何东西了。”

第二天，一箱 1806 年的吕德斯海姆山葡萄酒从美因茨送到了他面前。但是贝多芬已经进行了临终祈祷。“可惜，太可惜了——来得太晚了！”他低语道。傍晚，他陷入昏迷，在床上躺了四十八个小时，死亡在他喉咙里呼噜作响。3 月 26 日下午晚些时候，维也纳上空暴风云在聚集，天色阴沉，看起来要下雪的样子。申德勒和斯特凡·冯·布罗伊宁去魏林公墓选墓地，把贝多芬留给安塞尔姆·许特尔布伦纳照料，他是一位作曲家，也是舒伯特的朋友。房屋里还有一个不知名的女子在场，也许是贝多芬的管家。

下午 5 点——曾经正是在这个时间，也正是 3 月的这一天，神童贝多芬第一次登台演奏。这时闪电的光掠过窗外，接着是一阵轰鸣的雷声。受了惊吓的许特尔布伦纳发誓说看见贝多芬举起右手，有几秒钟还攥紧了拳头，圆瞪着眼睛，然后他的手垂了下来，他永远地离去了。

这阵雷暴之后，那天晚上下了很大的雪。“好像是，”安东妮·布伦塔诺的一位朋友在法兰克福写信告诉她，“恶劣的天气在抗议这位伟人的离世。”

3 月 29 日，一队看不到头的送葬队伍跟着贝多芬的灵柩，从黑衣西班牙人公寓的院子里一直走上魏林格腰带街，延伸到公墓里面。对参加送葬的人数说法不一，从一万到三万不等。“几乎所有的维也纳人都出动了。”格哈德·冯·布罗伊宁如此记载。一支管铜乐队和合唱队在灵柩之前引路。八位乐长给他抬棺。头戴大礼帽的二十名火炬手之中就包括舒伯特。在第二年结束之前，他也将被葬在他的英雄长眠的地方——跟他就隔着一个墓碑，他死后，就像他生前一样，将被那个巨大的名字所笼罩：

贝多芬

尾声

尸体解剖证实贝多芬死于巨结节型肝炎后肝硬化。这跟那种因酗酒患上的肝硬化不一样，虽然他确实是个贪杯之人，就像他的父亲和祖父一样。解剖还发现他的听觉神经“萎缩并且没有髓质”，而旁边的内听动脉“扩张得比乌鸦的羽毛还大，就像是软骨一样”。这些血管方面的信息，加上贝多芬出了名的一发脾气就脸红的习惯，说明他的耳聋可能跟动脉血管疾病有关，而长期的腹泻又加重了病情。但是，如果他在1796年夏天真的感染了斑疹伤寒症，并且在那之后马上就感觉到听觉损耗，那根据医学历史学家爱德华·拉金博士的研究，他可能“患的是一种被称作系统性红斑狼疮的免疫性疾病，通常是成人以高烧发病……伴随精神错乱。它会发展成慢性病，中间有间隔期，某些阶段也会造成情绪不稳定”。这个推测性的诊断与贝多芬看起来凶狠粗糙的脸，他的结肠炎、风湿性关节炎，以及动脉和肝脏疾病的症状吻合。

在对无人认领的资产进行拍卖之后，贝多芬的财产被变卖成一万弗罗林，这让皇家交响乐协会无比愤怒。要不是申德勒偷走了许多珍贵的物品，这个数目可能更多一些，他偷走的东西包括一百三十八本对话簿、数不清的手稿和备忘录，还有给“不朽的爱人”的信。

许多年后，申德勒在对话簿中加进了许多想象的对话（同时还删除了另一些），来“显示”他跟这位伟人有多亲近。在1840年出版他关于贝多芬生平的那本影响力巨大的书之后，申德勒把这些宝藏卖给了普鲁士国王，然后以这笔收益为生，直到1864年过世。他的造假行为直到20世纪70年代才暴露。

申德勒唯一以尊重对待的文件是《海利根施塔特遗嘱》，在拍卖进行时，他把它发表在了《大众音乐报》上面。它向世人传达出贝多芬对自己残疾最深刻的痛苦，比任何自传都有力。现在它被保存在汉堡大学的图书馆。

斯特凡·冯·布罗伊宁在贝多芬过世仅仅五周之后也去世了，留给他儿子格哈德两幅从拍卖会上得来的迷你肖像。现在可以在波恩的贝多芬故居博物馆看到它们。两幅都是女士肖像，画在象牙上的。其中一幅早些时候就被认定为朱列塔·圭恰迪，《月光奏鸣曲》就是献给她的。一个多世纪过去之后，另一幅被认为是埃尔德迪伯爵夫人。最近的研究表明，画上大大的杏眼、柔和的轮廓和修长的脖子的主人是“不朽的爱人”。

安东妮·布伦塔诺比贝多芬多活了四十二年，1869年时以八十八岁高龄过世。她的晚年过得很悲伤，两个孩子精神失常，还有其他家庭问题。但是她有宗教信仰支撑，还有那座充满艺术氛围的大庄园，歌德经常前来拜访，它成了法兰克福的社交中心。

卡尔最终成了一名优秀又受人欢迎的军官。他在军队待了五年，然后在1832年结婚，1848年继承约翰·凡·贝多芬四万两千弗罗林的财产。这笔钱，加上他之前获得的遗产，使他可以很早退休，然后作为维也纳的一名普通公民过着富足的生活。他五十二岁时死于肝脏疾病。

卡尔的五个孩子之中只有一个儿子，生于 1839 年，受洗时取名路德维希。他尽他所能地利用自己的血统，卖了很多假的备忘录，后来堕落到以偷鸡摸狗为生，为此还受过一次牢狱之灾。这个路德维希的六个孩子里，也只有一个男孩长到了成年，他名叫卡尔 · 尤利乌斯 · 马里亚，从未结婚，在第一次世界大战中阵亡，也是最后一个姓贝多芬的人。

卡尔 · 尤利乌斯的高伯祖父一直跟舒伯特一起长眠在魏林公墓，直到 1863 年他们一起被移葬到维也纳中央公墓。原先的墓碑仍然被保存在现在被称作“舒伯特公园”的地方，从维也纳城到处铺的水泥路和沥青路可以推测，这个地方很快就会让人更多地联想到汽车，而不是绿树和青草。

1970 年贝多芬两百周年诞辰的时候，不出所料地涌现出相当数量的传记、学术会议以及唱片，其中包括一个“全集”式的音频套装，它被设计成旅行箱的样子，售价一千美金。这一切跟六年前举办的莎士比亚诞辰四百周年纪念活动对莎士比亚的影响一样，对贝多芬的声名影响不大。实际上，两百周年纪念活动唯一持久的影响可能就是耗光了发起人的精力和预算。波恩、维也纳、巴登和默德林的贝多芬“景点”对他们来说令人疲倦，感觉都是适合面向游客、以逛商店的心情去看的地方。导游解说时引用申德勒杜撰的逸闻，被人质疑的时候就耸耸肩。有一两处安静的孤岛保留了真实的历史。如今，搭上有轨电车去海利根施塔特（它很久以前就被并入了维也纳大都市之内），从教堂出发走上狭窄的街道，然后站在贝多芬写遗言的房间里，这段旅程仍然会令人感动。在院子对面，是贝多芬协会，他们保存着一些备忘录，但几乎不怎么开放。

还有一处地方位于克雷姆斯河边的高地上，唯独它看起来似乎一点都没有变。约翰的大房子仍然在格勒圣多夫村外，还是被高墙围绕着。你仍然能从主路上走下来，沿着那条弥漫着粪肥味道的小道漫步，把 21 世纪的喧嚣抛在身后，然后一步步——小心脚下——倒回 19 世纪 30 年代。奶牛哞哞叫着，等着挤奶人，时不时还听到公鸡的啼叫，必须如此！空气里有蜂蜜和肥料的味道。越过一些果树，可以清楚地看到贝多芬写下他“最后的音乐思想”的房间的窗户。更远处是他当年跋涉过的田野，那时他又是挥手又是喊叫，对旁人投来的好奇眼神毫无知觉。你沿着他的足迹一直走，直到突然被一个历史信息标牌惊醒：第 17 号战俘营 B[①]。

本书开篇于 1978 年 2 月，一场让新英格兰瘫痪的 C 小调式的天气以及阳光和贝多芬《第五交响曲》C 大调的嘹亮乐声带来重生的活力。它也可以用 2004 年夏末发生在新英格兰的另一幕场景结尾：在康涅狄格州福尔斯村的音乐山音乐厅[②]举行的一次贝多芬四重奏巡演的收尾音乐会。

在那个炎热的周日下午，上海弦乐四重奏组在两百五十位观众面前演奏，身着短袖上衣和凉鞋的观众们不停地扇风降温。当演奏者们忘情地开始演奏《大赋格》的开篇音乐时，棚屋式的音乐厅——一间由雪松木建造的盒式建筑，以使其像巨型小提琴一般产生共振——把音乐声传到了室外草坪的人耳中。十五分钟后，一位音乐节的官员打断了观众的喝彩，宣布说附近有所房子着火了。但是火势看起来在控制范围内，而且从村里来的消防车也在路上了。“有消

① 德军 1938 年入侵奥地利后建立，后来成为奥地利关押战俘最多的战俘营，战俘人数保持在四万多左右。

② 由小提琴家雅克·戈登于 1930 年创办，是全美国最好的室内音乐厅之一。每年夏季这里会举行室内乐音乐节。

息我们会通知大家的。那么，享受幕间休息吧，朋友们。”

柠檬水和饼干继续开始销售。男人、女人和孩子走走逛逛，慵懒地看着两百码之外升起的烟柱。一位四重奏组的成员拿出数码相机。有人说了句俏皮话：“都是你们的错，在演奏《大赋格》的时候溅出了火花。”

当音乐会上继续演奏贝多芬最后的四重奏，即第135号作品的时候，消防员还没有到，这部作品是一百七十八年前在格勒圣多夫完成的。在慢乐章演奏期间，节目没有再被打断。只在终曲结束之后，在“必须如此！”的格言被狂喜地重复了八次之后，才有消息说多达四组消防梯试图拯救对面的那座房子。

消防员们知道在音乐厅里正在上演伟大的音乐，于是上山的时候没有鸣警笛，而且都安静地使用着他们的消防水管。

音乐专业术语汇编

许多音乐术语，例如“奏鸣曲”和“协奏曲”，在不同的时代有不同的意思。下面的定义反映的是它们在贝多芬所处的时代（1770—1827）被普遍接受的含义。不应机械地去理解这些对曲式的描述。就算是在古典主义盛期，音乐设计也是很灵活的，就像是风俗画和分节诗歌一样。

倚音（appoggiatura）：一个向协和音解决的不协和音，通常是向下降一度。

咏叹调（aria）：一段独立的声乐独唱，通常有旋律且结构严谨，常常重复开头的素材—不过歌剧咏叹调通常是以直线型方式进行的。

终止式（cadence）：结束一段旋律、一个乐章或是其他任何独立乐段的结束句或和声序列。如果说终止式在主调上，那么它就会传达一种解决的感觉。如果终止式在其他调上，虽然它本身有一种完满感，但也不是完全结束性的（就像是散文中一个段落的结束一样）。

华彩（cadenza）：“cadenza”是意大利语，英语对应为“cadence”，但是通常指一大段华丽的独唱（包括即兴部分），或者指协奏曲乐章接近结尾的器乐独奏展示。在古典协奏曲中，终止式由管弦乐队奏出的一个悬而未完的六四和弦引出，接着乐队就静止了，直到听到独奏那似悬在悬崖边上的颤音才再次出声。贝多芬在他的第三和第四钢琴协奏曲中魔法般地改变了这种结束的形式。

卡农（canon）：一种严格的对位法形式。不同音域的声部以平稳的顺序登场，准确地模仿彼此。每个声部进入的时机和它们之间的间隔音程产生互相重叠的和声。最优美的卡农之一就是《费德里奥》中的四重唱“我的感觉如此美妙”。

康塔塔（cantata）：具有相当长度与复杂结构的声乐曲，通常包括管弦乐伴奏、合唱队以及独唱歌手。

抒情曲（cantilena）：一段迸发出来的很长的、特别有旋律感的演唱，开头和结尾都很明显。

抒情短曲（cavatina）：咏叹调风格的歌曲，曲式上分节，拍子较慢。

羽管键琴（cembalo）：拨弦古钢琴，在巴洛克音乐时期或古典时期的管弦乐队中能听到它的叮叮声，用来合拍子或是偶尔填充和声。在贝多芬年轻时的“风格交叉时期”，钢琴逐渐取代了拨弦古钢琴，这个词当时可以指两种乐器中的任一种。参见键盘琴。

恰空（chaconne）：以严格的和声序列为基础构建的变奏曲式，和声序列通常篇幅短小，而且由一个级进的低音运动主导。

古典音乐时期（Classical）：指在西方音乐史上，在巴洛克音乐之后、浪漫主义音乐之前的这段时期（大约从1720年到1815年）。它的成熟时期（“盛期”）的特征包括：主题简约，转调的重要性，以及整体结构的对称，通过奏鸣曲和回旋曲这类组织形式来表达。

键盘琴（clavier，clavecin）：从德语中的“klavier”一词而来。在贝多芬年轻时，它指的是任何一种有弦的键盘乐器，但是之后仅指“钢琴”。

尾声（coda）：意大利语，意思是“尾巴”—表示结尾的一段乐章，产生于作品主体，并且强调主调。古典音乐时期要求它结构短。但是，贝多芬的许多尾声严格地说都可以描述成“摇得动狗的尾巴”。

花腔（coloratura）：一种对人声的华丽的、装饰风格的形容，意在充分展示其精湛的技巧。

协奏曲（concerto）：采用奏鸣曲曲式的大型作品，通常让一位乐器演奏者与管弦乐队对阵，就像是在演说家与群众之间进行历史性的对话。

誊写员（copyist）：在音乐书写艺术方面受过训练的文员，通常作曲家会高薪聘请他们将手稿润色成一份“清样”或写出每个独立的声部。

对位法（counterpoint）：在多个声部中独立行进但又互相联系的若干旋律。它们各声部的和谐行进可以看作地毯上的线性排列，其中，水平的经编比垂直的纬编看起来显眼得多。

属音（dominant）：接近主导的音，强而短，就像直升机脱离了地心引力。它是上行音阶的第五个音级，当被配成大三和弦的时候，需要解决变成主调，或是调性音。当混入七度音程时，这种需求尤其迫切。

插部（episode）：赋格中的附属段落，通常音乐织体更轻，用来分隔主题陈述。在古典乐中，插部通常得到的是几乎平等的地位，本身非常有主题性。（参见回旋曲。）

强（forte），极强（fortissimo）：响亮或非常响亮；反义词是“弱（piano）”、“极弱（pianissimo）”。

赋格（fugue）：对位法的一种严格形式（但是不如卡农严格），

许多声部一个跟着一个，形成一种庄严地追逐的效果（fuga在拉丁语中意思是“逃逸”）。开始时，一个独立的声部宣告主题出现。当另一个声部在另一个音高上以重复它作为回答时，第一个声部继续以“对题”继续进行。第三个声部加入的时候也进行类似的响应。（赋格曲基本上总共允许加入五个声部。）各声部在主题与对题间往复，同时还加有一些附属的、连接性质的素材。任何声部都可以对主题进行变奏，方式包括“倒影”（把音符倒过来），“增值”或是“减值”（音符时值变化），还有“逆行弹奏”（逆向演奏音符），但这一方法比较罕见。织体松散一些的插部稍微缓和了这种紧凑的对位法式的辩论。在一首赋格曲的倒数第二个乐段，一般情况下，几个声部会紧凑地达到高潮（“紧接段”效果），最后在终止式中解决。

泛音（harmonics）：高音的声学泛音，全部是基音频率的整倍数。

和声（harmony）：通常指不同音高声音的协和，在行进中在一个旋律下进行变化，但并不总是跟它同步。和声能造成非常有感染力的效果，因为声音碰撞到一起形成了暂时的不协和和弦（比如贝多芬《第九交响曲》第四乐章的开篇）。对于巴赫和布鲁克纳这样的人来说，缺乏旋律方面的天分也能写出伟大的作品，但是对于那些缺乏和声方面的想象力的作曲家（例如维瓦尔第和韦伯）来说，就永远达不到伟大。

即兴创作（improvisation）：即席创作音乐的艺术，形式可以是自由幻想曲，也可以是根据主题创作的变奏曲，主题可以是演奏者面对的听众所提议的，也可以不是。可不能跟没头没脑的新世纪音乐混淆了：巴赫、莫扎特和贝多芬在即兴创作赋格方面都是相当强的。

乐长（Kapellmeister）：在皇家、贵族或地方政府的“Kapell”—字面意思为“唱诗班”，也就是提供音乐服务的机构—任职的音乐名家。

调，调性（key）：一种包含协调的音的系统，它能“释放”出音阶上任何音级的旋律与和声的潜能。虽然这些系统——一共十二种—只有音高不同，但是音乐家们常常把它们与特定的情绪和音色联系在一起。注意，比如说贝多芬在“狂飙突进”风格的作品中就习惯用 C 小调。

连奏（legato）：音符一个个流畅地消融进彼此之中，断奏的反义词。

大调（major），小调（minor）：文艺复兴之后的两种主要的旋律调式。大调音阶对应的是钢琴上从 C 到 B 的七个白键音符，比起小调，它们的特点是更流畅、更容易协调，小调让第三音和第六音都降了半度。降了之后的第六音（在 C 调音阶上是降 A 调）与第七音相隔了一个半的全音，第七音想向上朝另一个 C 解决。这一间隔，加上两个降音给音阶上升造成的轻微拖延，给了小调旋律一种升降轮廓，并赋予小调和声一种尖锐感，这让作曲家能够挖掘其情感效果。从小调向大调的过渡总是能使音乐情绪明朗起来—就像贝多芬《第五交响曲》中所做的举世闻名的证明一样。

转调（modulation, modulate）：从一个和声平面向另一个的转变。这个和声平面就像是地理学上的高原，由许多共同“属于”一个地理学范畴的层面组成，在音乐中也一样：彼此自然相关的和声之间的转变就不涉及转调。只有当气压和气候变化之后，你才能说你到了一个新的地带。可以参照贝多芬《皇帝协奏曲》第二、第三乐章之间的连接。

动机（motive，motif）：音乐片段，有时候短得只有两个音符，有装饰或结构方面的重要性，或两者兼有。

作品号（opus number）：根据作曲家出版作品的先后顺序进行的编号索引。那些以组曲出版的作品可以进一步编号，比如“第10号作品，第3部分”（Op. 10，No. 3）。注意：作品号并不能准确地指明作品实际创作时间的先后。

固定音型（ostinato）：意大利语词，表示“固执”。这种音型不断重复，以达到一种积蓄的效果。

声部（part）：一段通常是写在同一行五线谱上的音乐，室内乐或管弦乐队的成员以此进行演奏。这些声部必须由誊写员从作曲家的总谱上进行拆分，就像从地毯上一根根地拆线。

绝对音感（perfect pitch）：有些音乐家听觉方面的天分异常突出，以至于他们无法忍受听到别人演奏走调的音乐。

复调音乐（polyphony）：同时听到的彼此独立的旋律乐段，与“主调”和弦群对应。参见对位法。

八分音符（quaver），十六分音符（semiquaver）等：作者接受的是英国的命名法训练，坦白地说热爱这些词语，如果写成“第”三十二分音符（thirty-second note）肯定会想那另外的三十一个音符干什么去了。[①]

宣叙调（recitative）：与自然言语最接近的声乐音乐：言语以自然的节奏唱出来，或半唱出来，只配最简单的伴奏。

关系大调（relative major）：一个小调以最自然的方式滑过去的对应大调，因为它们有非常多共有的音符。

声乐教师（répétiteur）：芭蕾剧团或歌剧剧团的排练钢琴师。

---

① 英国和美国的命名法不同，以 eighth note 为代表的系统用于美国和加拿大，英国和其他英语国家则用以 quaver 为代表的词。

解决（resolution，resolve）：在所有艺术形式中，且不说科学与哲学，都须将复杂性解决成某种一致性，这一特性在古典音乐中表现得尤其突出。一段典型的旋律都会有延留音，即便是它所在的大结构在通过上升或下降走向完结,或者说是解决。和弦（除了主和弦）想要解决成其他的和弦—或者说至少顺着一条和声链转移它们内在的张力从而达成协和。（见终止式。）没有哪个作曲家像贝多芬那样一直在为达到解决而斗争，即使他对这种斗争的有意拖延也达到了痛苦的程度。

休止符（rest）：音乐中标记静止的符号。不要与延长符混淆，演奏者会区分两者。

回旋曲（rondo）：围绕一个主题建立的一种曲式结构，穿插进插部之后它也总是不断地“回来”。

谐谑曲（scherzo）：意大利语是“笑话”和“随想”的意思。海顿用这个词语表示他的一些快节奏、活泼的三拍子小步舞曲。贝多芬赋予了小步舞曲更多的活力，让它的三拍子节奏加速成一个大拍的节奏—而反过来这些小拍子被包含进了大的节奏组，以不可阻挡的力量搏动着。

总谱（score）：给三位以上的歌手和演奏者看的乐曲的手稿或印刷品。乐队指挥用的是一份“完整的总谱”，包含了分层排列在页面上的所有谱行，包括了最低的低音和最高的高音。每一位演奏者使用的都只有他们各自需要的声部，或是单行五线谱。“缩编谱”是把和声压缩成两行五线谱，以便于阅读。

突强（sforzando）：一种很强的重音，可以在拍点上，也可以不在拍点上，在贝多芬的音乐里常常听起来时断时续，但它们出现的时机都是经过严谨计算的。

奏鸣曲（sonata）：多乐章的音乐作品，通常是给一件乐器或两件乐器而作。进一步扩展的话，它能变成三重奏、四重奏、七重奏等。在全管弦乐队规模中，它被称为交响曲或协奏曲（带独奏乐器的话）。

奏鸣曲式（sonata form）：这种曲式正常情况下用于一部奏鸣曲或交响曲的第一乐章。（也有其他乐章使用的情况，但极少所有乐章都用它。）对于海顿和贝多芬这样的革新者而言，奏鸣曲式能容纳惊人的多样性，但是它的结构从根本上来说还是相当于一座拱门。一个包含对比鲜明的主题（就像用“非主题性”的灰泥浆连在一起的建筑用砖一样）的呈示部，有一个与之相平行的再现部进行平衡。在这两座高耸的结构之间，是一个更短小的发展部，它将主题素材放在多种作用力之下，比如延伸、组合或分裂。这种作用力只会增强整体的架构，因为呈示部和再现部有同一个坚实的调性基础。（参见调性。）但是它们也有根本的区别。从和声的角度而言，呈示部相当于站在倾斜的坡上。它的主题素材以主调开始，但是接着就上升（转调）到属调。接在它之后的发展部就必须倒转这种转换，否则当再现部以主调到来的时候就感受不到回到“地面”的感觉了。古典时期的再现部一般通过避免继续转调、加入更为“夯实地面”的尾声保持在地面上。

断奏（staccato）：一种用短小的无声状态将音符一个个隔开的演奏风格，它们相对短的时长由音乐的速度决定。贝多芬在指定慢断奏之间的精确间隙方面可谓煞费苦心。

谱行（stave）：五条水平方向的横线，音符就写在这些线上。太高或太低而不能写在五线谱上的音符有它们额外的“加线”。

狂飙突进（Sturm und Drang）：德语词，英语对应的是“storm and stress”，意思是“暴风和压力”。

延留音（suspension）：一个想解决到主音上的副音，可以上行，也可以下行。这种解决十分符合逻辑，以至于主音并不需要强调。可以去听听结束贝多芬《第四钢琴协奏曲》的慢乐章的长长的延留音。

主题（theme）：能够被记住形状的乐句，通常长度不足以被称为旋律，但是在开始乐句之后可以用来展开。一个主题自身也可能含有一个或几个动机。

主音（tonic）：音乐作品的基准音调，对于感知它整体的“根基稳固”至关重要。18 世纪的作曲家和大部分 19 世纪的作曲家都接受这种基础的调性，就像科学家遵守牛顿的万有引力定律一样。无调性的音乐的出现要等到爱因斯坦到来的时代。

三和弦（triad）：音阶中最和谐的三个音符（1，3，5）一起组成了一个常用和弦。它们的和声在进行上下移调的时候并不改变，但是它们的声音会变。管弦乐队奏出的 5-1-3 的三和音给人一种还未完结的悬念（在协奏曲中），预告了接下来的华彩乐段。

颤音（trill）：两个相邻音符的快速波荡。通常是终止性质的，但是被贝多芬转换成了一种可以自由使用的工具，用来表达从恐惧到狂喜等多种音乐情绪。

全奏（tutti）：意大利语，意思是“全部”，指管弦乐队全体乐器一起演奏的声音。

变奏（variation）：一个主题的旋律的装饰音或是和声的重组，但该主题的结构仍能被感受到，就算是在非常复杂的序列中也是如此。

文献注记和致谢

所有写贝多芬的作者都要感谢两位杰出的传记作家，他们都是美国人，都将自己的大半生倾注到了贝多芬的生命之上，而且他们都分别在各自所处的世纪里相近的年份出版了自己的书。亚历山大·惠洛克·塞耶（他直接将书写成德语）于1879年完成了长达三卷的皇皇巨著《路德维希·凡·贝多芬的生平》。梅纳德·所罗门（他用英语写作）于1977年发表了《贝多芬》。

这两部著作都变革了贝多芬研究，但是矛盾地说，它们也都有不足。它们本身带来的丰富启迪迫使塞耶和所罗门继续进行更深入的研究和写作。塞耶在他梦想的扩展版传记重新出版之前就过世了。其他学者为这部著作增添了内容，所以最终它以杂合而成但不可分割的两卷书的形式实体化，被称为《塞耶版贝多芬的一生》，由艾略特·福布斯编辑（普林斯顿大学出版社，1967年版）。

梅纳德·所罗门的传记现在有一个修订版（席尔默出版社，1998年版），他的《贝多芬文集》（哈佛大学出版社，1988年版）和《晚年贝多芬：音乐、思考和想象》（加利福尼亚大学出版社，2004年版）都是非常重要的补充。

由于一本短小的传记的形式限制，我无法在此一一标注引用，但是我必须强调，这本书的每一页内容都得感谢以上的两位先生。

其他参考的著作（然而这些书都需要更多的音乐知识才能读懂）包括：刘易斯·洛克伍德的《贝多芬：音乐与生活》（诺顿出版社，2003 年版）和约瑟夫·克尔曼的《贝多芬四重奏》（诺普夫出版社，1967 年版）。贝多芬书信集的标准英文版采用的是艾米莉·安德森编辑的三卷版(诺顿出版社,1961 年 /1985 年版)。它已经被希格哈德·布兰登贝格新编的德语版《路德维希·凡·贝多芬：七卷本通信全集》（汉勒出版社，慕尼黑，1996—1998）取代。贝多芬对话簿没有对应的英文版，只有一些根据安东·申德勒造假翻译过来的不全面的过时译本。德语的最终版本刚完成不久：《路德维希·凡·贝多芬的对话簿全书》，由卡尔－海因茨·科勒等人编辑，两卷本（黑塞出版社，莱比锡，1968—2003。）

在写作这本传记的过程中，作者也参考了以下书籍：伊尔莎·巴里亚的《维也纳》（诺普夫出版社，1996 年版）；大卫·本杰明的《贝多芬：第九交响曲》（耶鲁大学出版社，2003 年版）；巴里·库珀的《贝多芬简编》（泰晤士与哈德孙出版社，1991 版）和《贝多芬》（牛津大学出版社，2000 年版）；马丁·库珀的《贝多芬：最后的十年，1817—1827》（牛津大学出版社，1970 年版）；蒂亚·德诺拉的《贝多芬与天才的建成：维也纳的音乐政治，1792—1803》（加利福尼亚大学出版社，1995 年版）；乔治·格罗夫不朽的《贝多芬与他的第九交响曲》（1898 年版，多弗出版社重印，1962 年版）；克里斯廷·M. 克尼特尔的《从混乱到历史：贝多芬晚期弦乐四重奏的接受度》（博士论文，普林斯顿大学，1992 年版）；H. C. 罗宾斯的《海顿：他的生平和音乐》（印第安纳大学出版社，1988 年版）；保罗·亨利·朗的《贝多芬的创造性世界》（纽约，1971 年版）；弗雷德里克·努南翻译的《回忆贝多芬：弗朗茨·韦格勒和费迪南德·里斯的传记笔记》（伦敦，1987年版）；查尔斯·罗森的《古典风格：海顿、莫扎特与贝多芬》（纽约，1997年版）；约瑟夫·施密特－戈尔的带精美插图的《路德维希·凡·贝多芬》（波恩，1970年版）；奥斯卡·G.索内克的《贝多芬：同代人对他的印象》（纽约，1926年版）；还有伊迪莎·斯太尔巴和理查德·斯太尔巴的《贝多芬与他的侄子》（纽约，1954年版）。在关于贝多芬的无数篇学术论文之中，你一定会特别想起维吉尔·托马斯的表述："那个荣耀的词——'博学之文'。"那就是沃伦·柯克戴尔经典的《通往贝多芬〈庄严弥撒〉老观念的新道路》，它发表于《音乐季刊》第56期（1970年）。

我在这里还要向安东尼·博蒙特、杰西·科恩、蒂莫西·门内尔和西尔维亚·莫里斯表示衷心的感谢，他们以批判的眼光阅读了我的手稿；我还要对艾琳·科勒和亚历山德拉·沃什在澳大利亚和英国对研究进行的帮助表示感谢。

图书在版编目（CIP）数据

贝多芬传 /（美）莫里斯（Morris,E.）著；王维译．— 南京：译林出版社，2016.6
（星汉传记）
书名原文：Beethoven：the universal composer
ISBN 978-7-5447-6348-6

Ⅰ.①贝… Ⅱ.①莫… ②王… Ⅲ.①贝多芬，L.V.（1770～1827）－传记 Ⅳ.①K835.165.76

中国版本图书馆CIP数据核字（2016）第092656号

书　　名　贝多芬传
作　　者　〔美国〕埃德蒙·莫里斯
译　　者　王　维
责任编辑　陆元昶
特约编辑　苑浩泰
出版发行　凤凰出版传媒股份有限公司
　　　　　译林出版社
出版社地址　南京市湖南路1号A楼，邮编：210009
电子信箱　yilin@yilin.com
出版社网址　http://www.yilin.com
印　　刷　三河市中晟雅豪印务有限公司
开　　本　640×960毫米　1/16
印　　张　15
字　　数　174千字
版　　次　2016年6月第1版　2023年10月第4次印刷
书　　号　ISBN 978-7-5447-6348-6
定　　价　36.00元